Sich selbst ein Zuhause sein

Bibliografische Information der Deutschen Nationalbibliothek
Die Deutsche Nationalbibliothek verzeichnet
diese Publikation in der Deutschen Nationalbibliografie;
detaillierte bibliografische Daten sind im Internet
über http://dnb.d-nb.de abrufbar.

1. Auflage 2015

www.verlag-der-ideen.de

ISBN 978-3-942006-18-7

Covergestaltung und Satz:
Jonas Dinkhoff, www.starkwind-design.de

Coverfotografie: re84/photocase.de

Printed in Germany

Angela Giesselmann

Sich selbst ein Zuhause sein

Der inneren Stimme Raum geben

Verlag der Ideen

Angela Giesselmann, geboren 1963 in Meißen (Westfalen), arbeitete mehr als 20 Jahre freiberuflich in den Bereichen Werbung und Marketing. Parallel dazu etablierte sie sich als Malerin mit diversen Ausstellungen im In- und Ausland. Seit 2000 beschäftigt sie sich intensiv mit dem Zusammenspiel von Körper, Geist und Seele und erlernte verschiedene Methoden, um Menschen wieder in Einklang mit sich selbst zu bringen. Sie lebt heute in Darmstadt und bietet dort »Energetisches Coaching« an.

Im Herzen meiner Herzen schwingt eine Melodie,
die ich niemals werde singen können,
noch kann ich sie beschreiben. Sie ist der Nährboden
meiner Worte, die von ihr erzählen werden,
ohne von ihr zu sprechen.
Sie ist der Fluss, der meine Worte in Eure Herzen
trägt und Euch das in Erinnerung bringt, was Ihr tief im
Innersten bereits wisst.

Inhalt

Wie es begann …

Was hältst du von der Idee, unsere Unterhaltungen aufzuschreiben?

Warum sollte ich das tun?

Musst du immer vorher schon wissen, »warum« du etwas tust?

Ja, dann kann ich entscheiden, ob ich das »warum« auch wirklich will.

Und wenn du das »warum« erst erkennen kannst, wenn du es getan hast?

Dann beginne ich ungern damit. Schon gar nicht mit einer Aktion, die mir recht langwierig zu sein scheint. Denn wenn ich unsere Gespräche aufschreibe – das kann dauern. Und – wie soll ich anfangen? Ich weiß doch gar nicht mehr, wie unser Gespräch begann. Und – schreiben kann ich auch nicht.

Du kannst nicht schreiben?

Schreiben kann ich natürlich schon, aber nicht schriftstellerisch schreiben.

Du sollst nicht schriftstellerisch schreiben, was auch immer du darunter verstehst. Du sollst nur aufschreiben, worüber wir gesprochen haben. Probiere doch einfach aus, was geschieht, wenn du etwas tust, ohne vorher zu wissen, was dabei herauskommt und warum du es tust. Mach es einfach. Vertraue mir. Und wenn es dir hilft, dann stell dir vor, du schreibst es für deine Freunde. Was hältst du davon?

Ja, dann ist es einfacher. Das ist eine gute Idee.

Liebe Freunde, ich sitze jetzt schon geraume Zeit vor diesem Blatt Papier und versuche, die richtigen Worte zu finden. Es mag mir nicht so recht gelingen. Immer habe ich irgendetwas auszusetzen. Vielleicht gibt es ja die »richtigen« Worte auch gar nicht. Und es geht viel eher darum, den Worten Raum zu geben, die jetzt gerade zu mir kommen, indem ich sie aufschreibe.
Es ist ein großes Fragezeichen, dem ich mit diesem Text entgegenlaufe und ich weiß nicht, was dabei herauskommt. Doch wenn Ihr bei mir seid, wenn auch nur im Geiste, kann ich den Mut und die Ausdauer aufbringen, um dieses Abenteuer einzugehen. Ich werde Euch von meiner Wahrheit erzählen. Von dem, was das Leben mich gelehrt hat. Es ist mein Dankeschön an Euer »Da-Sein« in meinem Leben. Denn vieles, was ich erfahren durfte, habe ich mit Euch gelernt und ganz gleich, wie unsere gemeinsamen Erfahrungen gewesen sind, ich bin dankbar dafür. Für alles!

Was ist meine Wahrheit?

Sie beginnt mit meiner besten Freundin – die ihr übrigens alle nicht kennt – und der traurigen Erkenntnis, dass ich nie gut mit ihr umgegangen bin. Erst habe ich sie nicht wahrgenommen, dann verkannt, habe sogar gegen sie gekämpft und sie mehr als einmal verleugnet, obwohl ich ihren Wert für mich schon erkannt hatte.
Ich spreche von meiner inneren Stimme. Sie ist die Quelle meiner Worte, die ich hier aufs Papier bringe. Sie hat mir jede Frage beantwortet und mir Geschichten erzählt. Meine Wahrheit kommt von ihr. Und sie hat lange und sehr geduldig auf mich gewartet, bis ich endlich bereit war, zuzuhören. Ich rede hier nicht von Minuten, Stunden oder Tagen. Es hat viele Jahre gedauert. Anfangs hörte ich ihr nur gelegentlich zu, später mehr und mehr. Zwischendurch verlor ich auch wieder den Kontakt, oder wollte nicht wahrhaben,

was ich hörte und tat es als »Firlefanz« ab. Ich sprang mit ihr um, gerade wie ich Lust, Laune und Mut hatte. Doch sie hat mir immer wieder verziehen und geduldig und gelassen auf meine Rückkehr gewartet.

Dein Haus

Wieso habe ich dich früher nicht gehört? – war meine erste Frage an sie.

Weil du vergessen hattest, dass es mich gibt. Ich bin nur da, wenn du dich mir zuwendest. Und ich wachse mit der Aufmerksamkeit, die du mir schenkst. Ohne sie bin ich wie nicht vorhanden – auch wenn ich trotzdem da bin.

Was hast du die ganze Zeit gemacht, in der ich nicht mit dir gesprochen habe?

Ich habe dir zugeschaut. Habe gesehen wie du spielst, wie du lachst, wie du fällst, wie du weinst, wie du wieder aufstehst und weiterläufst und dachte manchmal, wenn du still an einem Ort gesessen bist, jetzt hat sie vielleicht ein Ohr für mich. Aber dann bist du schon wieder aufgesprungen und es gab keine Chance für mich, dich zu erreichen.

Warum wolltest du mich erreichen?

Weil wir zusammen gehören und weil es gut für dich ist, wenn wir zusammen sind.

Waren wir schon immer getrennt?

Nein. Wir beide haben einmal ganz eng zusammengelebt. Wenn du einen Arm bewegt hast, habe ich ihn auch bewegt und wenn du drei Schritte gelaufen bist, bin ich mit dir gegangen. Wir waren eins und doch zwei. So wie zwei Puzzleteile, die genau ineinanderpassen. Ich war du und du warst ich. Wir wohnten in einem Haus.

In welchem Haus?

Das Haus steht symbolisch für deinen Körper.

Und wieso haben wir uns getrennt?

Es sind Dinge geschehen, die dich sehr erschreckt haben. Andere Menschen haben dein Haus zum Schwanken gebracht. Du hattest große Angst und deswegen bist du aus diesem Haus geflohen, damit du die Angst nicht mehr fühlst. Du hast nur diesen Ausweg gesehen, um dich in Sicherheit zu bringen. Durch deine Flucht haben auch wir uns voneinander getrennt.

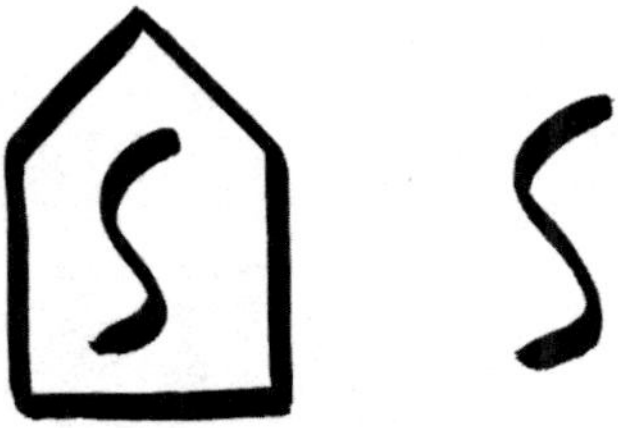

Wieso habe ich dich nicht mitgenommen?

Ich kann nirgendwo anders hingehen. Ich bin ein fester Bestandteil dieses Hauses. Es gibt keinen anderen Ort für mich, an dem ich sein kann.

Warum hast du mich nicht gerufen?

Das habe ich. Aber du hast mich nicht wahrgenommen. Irgendwann hattest du gar keine Erinnerung mehr an mich. Außerdem wolltest du nicht an dein Haus erinnert werden. Du warst der festen Überzeugung, dass dort nur Unangenehmes auf dich wartet.

So begann also eine lange Unterhaltung zwischen mir und meiner inneren Stimme, in der ich alles über die wirklich wesentlichen Dinge in meinem Leben erfuhr. Es dauerte lange, sehr lange, bis ich den gefundenen Schatz erkannt habe und ehren konnte. Und jetzt frage ich Euch, meine lieben Freunde:
Wie sieht es mit Eurer inneren Stimme aus? Kennt Ihr sie? Sprecht Ihr miteinander? Mögt Ihr, was sie Euch erzählt? Oder habt Ihr noch nie von ihr gehört? Geht sie spielerisch mit Euch um, wie der Wind mit den Ähren des Kornfeldes? Spürt Ihr in ihren Antworten die Klarheit eines Diamanten auf schwarzem Samt? Was bedeutet sie Euch? Und – kennt Ihr eine bessere Freundin?

Das Verlassen des Hauses – die Flucht – Teil 1

Du hast gesagt, ich habe mein Haus verlassen, weil es zum Schwanken gebracht wurde. Wie bringt man ein Haus zum Schwanken?

Da gibt es unzählige Möglichkeiten. Allen gemeinsam ist, dass Grenzen überschritten werden und deine Individualität nicht geachtet wird. Das kann auf vielerlei Weise geschehen: Indem man Urteile über dich fällt, dass du nicht hübsch, schlau usw. bist oder indem man dir erzählt, was du alles nicht kannst. Oder dir zu verstehen gibt, du bist nicht gut genug. Indem du geschlagen oder missbraucht wirst. Indem man deine Bedürfnisse übergeht, dir keinen Schutz bietet, keine Sicherheit. Indem man dich vernachlässigt und dir keine Aufmerksamkeit schenkt. Indem man dich glauben macht, du bist nichts wert oder indem man dich nicht spüren lässt, wie einzigartig und wundervoll du bist. Indem man die Schönheit in dir nicht sieht und dir davon erzählt ... und ... und ... und.

Warum haben sie mein Haus zum Schwanken gebracht?

Sie haben mit deinem Haus das getan, was andere zuvor mit ihrem Haus gemacht haben. Das waren ihre Erfahrungen, die sie unbewusst an dich weitergegeben haben. Sie waren traurig, verzweifelt und auch wütend.

Auf mich?

Nein, auf die, die ihr Haus zum Schwanken gebracht haben.

Ich dachte immer, sie seien wütend auf mich gewesen. Vielleicht, weil ich kurz vorher noch Freude hatte und gelacht habe.

Hast du das seitdem mal wieder getan?

Ich denke, du hast mich immer beobachtet, dann musst du das doch wissen?

Ich weiß es auch – aber weißt du es? Bist du dir dessen bewusst?

Seitdem habe ich nicht mehr so frei und intensiv und so vertrauensvoll Freude gehabt und gelacht. Ich wollte sicher gehen, dass das nicht wieder geschieht und habe deswegen vermieden, was meiner Meinung nach der Auslöser dafür war. Ich dachte, mein Verhalten sei der Grund für ihr Tun gewesen und sie hätten mein Haus deswegen zum Schwanken gebracht, weil es ihnen missfallen hat.

Schau – zu dem Zeitpunkt als das alles geschah, war dein Bewusstsein im Wesentlichen mit zwei Aspekten beschäftigt: deinem Haus und dem, was du tust. Folglich kamen für dich als Begründung des Geschehens nur diese zwei Dinge in Betracht.

Du meinst, ihr Verhalten hatte gar nichts mit mir zu tun?

Es hatte nur insofern mit dir zu tun, als dass sie es dir gegenüber eingesetzt haben. Aber die Ursache dafür warst du nicht. Sie lag lange zurück. Es war der Zeitpunkt, als auch sie ihr Haus verlassen mussten, weil jemand es zum Schwanken gebracht hatte.

Haben sie das Gleiche erlebt wie ich?

Nicht genau – aber das spielt keine Rolle. Nur eins ist sicher: Sie haben auf das, was sie erlebt haben, genauso reagiert wie du. Sie haben ihr Haus verlassen, weil die Gefühle zu bedrohlich waren.

Die Häuser der Anderen

Was geschah, nachdem ich mich von meinem Haus gelöst hatte?

Du warst auf der Suche.

Was wollte ich finden?

Einen Platz, an dem du das bekommst, was du zurückgelassen hast. Du hast versucht, in andere Häuser einzudringen, indem du sie auch zum Schwanken brachtest oder hast solche gesucht, die schon am Schwanken waren. Da ist es dann besonders einfach, sich festzumachen.

Ich habe doch kein Haus zum Schwanken gebracht!

Doch, das hast du getan. Die, die ihr eigenes Haus verlassen haben, tun das meistens. Sie sind alle auf der Suche und sie brauchen dringend Halt, Sicherheit und Geborgenheit, die sie durch die Flucht aus ihrem Haus verloren haben. Und so beginnen sie dann, all dies in anderen Häusern zu suchen.

Und wie geht das?

Du manipulierst Menschen. Das heißt, du tust oder sagst gewisse Dinge, damit du von einer anderen Person das bekommst, was du gerne möchtest. Die gesamte Wahrnehmung ist sehr auf den Anderen und die »geheimen Geschäfte« fokussiert. Anstatt ganz bei dir zu sein und aus dir heraus zu leben, denkst du darüber nach, welches Verhalten jetzt zu dem gewünschten Ergebnis führen könnte. Dann gibst du einem anderen Menschen etwas nicht, weil du

schenkst, sondern weil du etwas haben möchtest. Das geheime Motto lautet: Ich gebe dir dies und dafür bekomme ich jenes von dir. So läuft das, wenn du nicht zuhause wohnst. Du fühlst dich ruhelos, bist unsicher, ständig aktiv und auf der Suche. Aus diesem inneren Durcheinander entsteht in dir die Überzeugung, »geheime Geschäfte« machen zu müssen, damit du dich gut fühlst. Wärst du in deinem Haus könntest du Wärme, Schutz und Sicherheit erleben. Denn dies ist der Ort, an dem du all das bekommst, was gut für dich und deine Entwicklung ist. Wenn du in deinem Haus bist.

Du meinst, in fremden Häusern konnte ich das gar nicht finden? Warum habe ich es dann trotzdem versucht?

Du hast es automatisch so gemacht, ohne darüber nachzudenken. Die Lösung für deine Suche hast du im Außen gesucht, bist dabei aber nicht fündig geworden. Es hat sich nie wirklich gut angefühlt. Wie ein Kleidungsstück, das nicht richtig sitzt. Weißt du, in jedem Haus wohnt eine innere Stimme. Eine, die nur zu dem gehört, der dort geboren ist und die dafür verantwortlich ist, dass dieser alles bekommt, was er für die Entwicklung in seinem Leben braucht. Ein Fremder hat in diesem Verhältnis nichts zu suchen.
Wenn du manipulierst, verführst du eine Person dazu, mehr auf dich zu hören, als auf die eigene innere Stimme. Du lenkst sie ab, damit du das erhältst, was du brauchst und sie nicht wahrnimmt, was für sie selbst wesentlich wäre. Befinden sich alle Personen in ihrem eigenen Haus, sprechen zwei vollkommen authentische Individuen miteinander, die jeweils von ihrer inneren Stimme geführt werden. Zum Wohle aller Beteiligten. Das ist der große Unterschied. Alle gewinnen. Im anderen Szenario gibt es immer einen Ge-

winner und einen Verlierer oder ein Opfer und einen Täter oder einen Schwachen und einen Starken ...

Ich bin jedenfalls kein Täter, ich war das Opfer. Andere haben mein Haus zum Schwanken gebracht.

Auch die, die dein Haus zum Schwanken gebracht haben, sagten »Ich war ein Opfer«. Sie sagten »Andere haben Schuld« und während sie das sagten, schlugen sie gegen dein Haus. Und noch während du sagst, dass sie dein Haus zum Schwanken brachten, trommelst du gegen die Tür eines anderen Hauses. Du schaust in die Vergangenheit, siehst dich als Opfer und realisierst nicht, dass du im Hier und Jetzt längst zum Täter geworden bist, weil du im Außen auf der Suche bist.

Etwas fehlt – das Zurückgelassene

Hast du manchmal den Eindruck, dass dir etwas fehlt?

Ja, Geld, eine größere Wohnung, mehr Zeit, mehr Urlaub.

Vielleicht hast du aus dem Gefühl, dass du etwas vermisst, den falschen Schluss gezogen.

Wie meinst du das?

Wenn du zum Beispiel Hunger hast, dann glaubst du essen zu müssen, damit der Hunger weggeht. Du isst, aber dennoch bleibt ein Hungergefühl bestehen. Und so meinst du, einfach noch mehr zu essen, wäre die Lösung. Doch der Hunger bleibt. Genauso ist es mit den Dingen, die du eben aufgezählt hast. Du hast ja schon Geld, viel Freizeit und eine schöne Wohnung und du meinst, mehr davon würde deinen Hunger stillen. Was, wenn dein Hunger auf einer ganz anderen Ebene besteht? Vielleicht sehnst du dich nach deinem Haus und dem, was du dort zurückgelassen hast. Und nur die Rückkehr dorthin kann dich satt und zufrieden machen.

Was habe ich dort zurückgelassen?

Den Teil von dir, der gefühlt hat, deinen Körper und mich, deine innere Stimme, die Verbindung zur Quelle.

Aber ich bin doch hier mit meinem Körper.

Fühlst du ihn auch? Magst du die leeren Momente mit ihm? Die ruhigen Augenblicke, in denen wir uns gut unterhalten könnten? Gönnst du ihm Ruhepausen?

Weißt du, was er mag? Was für ihn leicht zu verdauen ist und ernährst du dich dementsprechend? Liebst du deinen Körper und die Signale, die er dir sendet? Oder gestaltet sich dein Umgang mit ihm eher in folgender Weise: du benutzt ihn, wie ein Werkzeug und erwartest, dass er funktioniert, auch wenn du nicht auf seine Bedürfnisse eingehst. Du überhäufst ihn mit Leistungsanforderungen, überflutest ihn mit Sinnesreizen: Essen, Reden, Fernsehen, Lesen, Musik hören und am besten alles gleichzeitig und setzt seine einwandfreie Funktion als Selbstverständlichkeit voraus. Kann er sich dir mitteilen, durch mich zum Beispiel? Hast du ein offenes Ohr für ihn?

Wenn ich das nicht hätte, würden wir jetzt nicht miteinander reden.

Und wie oft hörst du ihm zu? Einmal in der Woche oder zweimal im Monat, wenn dir gerade zufällig danach ist?

Ja, es stimmt, mein Körper ist ständig beschäftigt und ich esse zu viel, vor allem von den Dingen, die er, glaube ich, nicht so verträgt. Ich vermeide das Hungergefühl. Sag mir, warum esse ich, obwohl ich keinen Hunger habe?

Es gibt zwei Dinge, die in der Leere, dem Hungergefühl, auf dich warten:
Du hast Angst, meine Stimme zu hören und fürchtest dich davor zu fühlen, was in der Leere auf dich wartet. Schau, wir beide sprechen am besten miteinander, wenn nichts anderes uns stört: keine anderen Menschen, kein Tun, kein Fernsehen, keine Musik ... Dann ist deine ganze Aufmerksamkeit für mich da. Geht es deinem Körper gut und er ist entspannt, dann ist das die perfekte Voraussetzung für einen Moment

der Stille. Das ist der Raum, in dem wir leicht miteinander kommunizieren können. Wird dieser Raum von anderen Dingen gefüllt, die deine Aufmerksamkeit einfordern und fühlt sich dein Körper schwer und müde an, dann ist es so, als ob wir uns über eine große Menschenmenge hinweg unterhalten müssten. Das ist sehr anstrengend. Wir können uns nicht richtig sehen, hören auch nicht, und dadurch gibt es Missverständnisse. Je besser wir uns kennen, desto besser funktioniert unsere Kommunikation auch unter erschwerten Bedingungen. Aber am Anfang einer Partnerschaft, ist es doch so, dass man sich miteinander ein bisschen zurückzieht, um sich kennenzulernen. Das gilt auch für uns.
Und nun zu den Gefühlen, die in der Leere auf dich warten: Hast du freie Zeit, kannst du sie zum Ausruhen nutzen oder dafür, liegengebliebene Arbeiten zu erledigen. Je größer der angehäufte Stapel ist, umso eher wirst du dich für das Aufarbeiten entscheiden. Dein Körper arbeitet nach dem gleichen Prinzip. Hat er also einen Moment des Durchatmens, in dem nichts von außen auf ihn einströmt, nutzt er die Gelegenheit für einen Hausputz: Er säubert seine Zellen, befördert alles nach draußen, was er dort abgelegt hat und was ihn schon lange »zwickt«. Da können dann auch einmal Gefühle aus vergangenen Zeiten aufsteigen oder die, die aktuell sind und die du bis jetzt noch nicht wahrgenommen hast.

Wieso sind da immer noch Gefühle aus der Vergangenheit?

Als du die Bindung zu deinem Haus, also Körper, gelöst hast, gab es dafür einen Grund: starke Gefühle wie Verzweiflung, Angst, Trauer, Wut, die dir Angst gemacht haben. Du hast diese Gefühle zurückgelassen. In deinen Körperzellen sind diese Empfindungen noch gespeichert. Sie warten immer noch auf deine Anerkennung und wollen angenommen werden.

Wir ziehen an, wovor wir fliehen

Was habe ich mit den Gefühlen von damals noch zu tun? Das ist doch alles Schnee von gestern!

Du bist sie, ohne dass du davon eine Ahnung hast, weil du vor ihnen fliehst und sie noch nicht wahrgenommen hast. Deswegen strahlst du sie aus und ziehst damit immer wieder Situationen an, in denen sie dir von deinen Mitmenschen gespiegelt werden.

Wieso strahle ich sie aus?

Ich werde dir das anhand von Bildern erläutern, damit du es besser verstehen kannst. Schau dir diese Zeichnung an: Nehmen wir einmal an, die Angst hätte die Form eines Halbkreises. Daneben bist du. Empfindest du Angst, berührt dich der Halbkreis. Das ist dir unangenehm und überfordert dich in dem Moment und du weichst der Berührung und damit dem Fühlen aus. Das Ergebnis liegt auf der Hand: Du musst die gleiche Form annehmen, um dem Kontakt mit der Angst ausweichen zu können.

So empfindest du zwar zunächst Erleichterung, doch du hast die Form der Angst angenommen und läufst jetzt mit der Ausstrahlung »Angst« durch die Welt.

Das bedeutet, du ziehst alles an, was zu diesem Thema passt. Vor etwas fliehen heißt, zu dem zu werden, vor dem man flieht. Es bestimmt dich.
Nimmst du das Gefühl an, was in diesem Beispiel heißt, du fühlst die Angst und weichst ihr nicht aus, dann schenkst du ihr Aufmerksamkeit. Danach verliert die Angst ihre ursprüngliche Form und die Ursprungsenergie, die in ihr enthalten und gebunden war, steht dir frei zur Verfügung. Du bist dann eins mit ihr geworden, da du die Angst integriert hast. Du gewinnst dadurch mehr Kraft und behältst gleichzeitig deine ursprüngliche Form. Das gilt natürlich auch für jedes andere Gefühl.

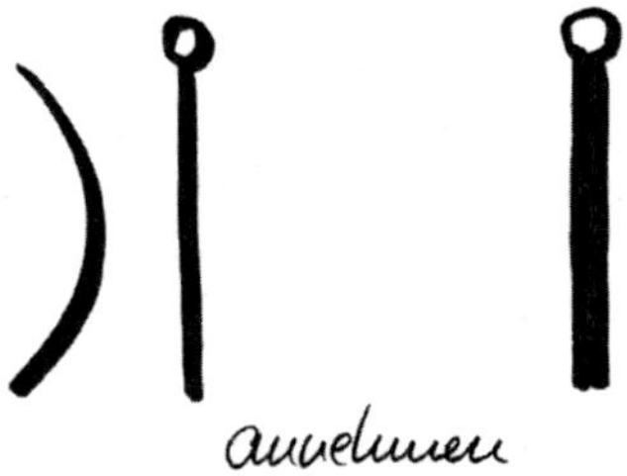

Was heißt akzeptieren?

Wenn ich »ja« sage zu diesen Gefühlen, dann sage ich auch »ja« zu dem, was geschehen ist. Das will ich aber nicht. Ich finde nicht gut, was geschehen ist.

Da geraten bei dir ein paar Aspekte durcheinander. Wenn du »ja« zu einem Ereignis sagst, akzeptierst du damit zunächst, dass es passiert ist. Du erkennst alles an, was dieses Ereignis in dir ausgelöst hat. Du sagst »ja« zu deinen Gefühlen und fühlst diese. Dein »Ja« bezieht sich auf die Wahrnehmungen in dir, nicht auf beteiligte Personen und ihre Taten. Du gibst dem anderen damit nicht Recht oder findest das Geschehen gut. Du kannst auch solche Situationen annehmen, die dir unangenehm sind, indem du wahrnimmst, dass du sie nicht magst.

Noch einmal: Du akzeptierst was war und natürlich auch das was ist, indem du die Gefühle zulässt, die damit verbunden waren oder sind. Damit stimmst du nicht anderen in ihrem Tun zu. Vielmehr gibst du dir selber den Raum, alles zu sein, was du in jenem Augenblick gewesen bist: mit allen Gefühlen, Körperempfindungen, Gedanken ... Du erlaubst dir, dich selbst ganz und gar wahrzunehmen. Und indem du das tust, akzeptierst du die Situation.

Aber viele Situationen sind doch schon lange vorbei, wie kann ich sie jetzt noch akzeptieren?

Fühlen – aber wie?

Deine Antwort darauf ist die Wahrnehmung von allem, was zum damaligen Zeitpunkt in dir entstanden ist. Es sind noch Gefühle von damals im Hier und Jetzt zu spüren, weil du sie bislang noch nicht wahrgenommen hast. Erinnere dich, du warst auf der Flucht. Und jetzt geht es für dich darum, zu fühlen, was in deinem Innenleben vor sich geht. Damit erkennst du das »Da-Sein« von allem in dir an.
Fühle und nimm wahr. Was nicht heißen soll, dass du dich in dem Gefühl verlierst. Das Fühlen, das ich meine, heißt, die Qualität einer Emotion wahrzunehmen, ohne davon beherrscht zu werden.

Und wie geht das? Wenn ich Trauer fühle, oder Wut etc. dann bin ich das ganz und gar. Dann weine ich stundenlang oder schlage auch mal auf Kissen ein.

Weil du noch nicht gelernt hast, mit Emotionen in achtsamer Weise umzugehen. Bis heute kennst du nur zwei Wege: entweder verdrängst du sie oder du verlierst dich in ihnen. Was so viel heißt wie: entweder sie sind ganz weg oder sie sind alles, was da ist. Im Mittelpunkt steht hier das »oder«. Es geht aber um ein »und«.

Und wie gehe ich am besten mit den Emotionen von früher um?

Stell dir vor, du gehst eine Straße entlang und auf der anderen Straßenseite siehst du jemanden, den du von früher kennst. Du spürst in dich hinein, erinnerst dich an seinen Namen, grüßt ihn, aber mehr gibt es nicht zu sagen. Du gehst weiter, ohne dich von ihm in ein Gespräch über vergangene Zeiten verwickeln zu las-

sen. Grüße ihn immer wieder mit seinem Namen, wenn er dir auf deinem Weg begegnet. Achte ihn. Er ist ein Teil deiner Reise. Aber denke nicht länger über die alten gemeinsamen Tage nach. Sie sind vorbei. Sei dir, wenn du ihn siehst, im Klaren darüber: Du bist im Hier und Jetzt und gleichzeitig siehst du einen Bekannten aus alten Zeiten.

Und wie gehe ich mit Gefühlen um, die im Hier und Jetzt entstehen?

Genauso. Du nimmst vielleicht eine Emotion auf deinem Weg wahr, die du noch nicht kennst, die neu für dich ist oder eine, die dich an ein Gefühl erinnert, das du schon einmal erlebt hast. In beiden Fällen ist es gut, ihren Namen zu erfahren. Also spürst du in dich hinein, gibst ihr Aufmerksamkeit, grüßt sie, aber jeder bleibt auf seiner Straßenseite. Sei dir die ganze Zeit bewusst, dies ist nur ein »Aspekt« von dir. Du bist viel mehr als nur ein Gefühl.

Das hört sich ja alles ganz vernünftig an, nur, verhalte ich mich so nicht sehr distanziert und strahle damit eine gewisse Kühle aus?

Wenn Wärme für dich die Hitze eines Vulkans ist, die entsteht, wenn du dich ganz von deinen Emotionen überrollen lässt, dann kannst du diese neue Form der Herangehensweise natürlich als Kühle interpretieren. Aber von wirklicher Kälte kann man da nicht sprechen. Es entsteht vielmehr ein milder, warmer Strom, der alles umhüllt. Du hast Recht, es sind keine lodernden Flammen, dafür eine konstante Glut. Denn du lebst mit deinen Gefühlen, was automatisch ein gutes, angenehmes Klima bewirkt. Auch, weil nichts ausgeklammert wird und alles sein darf. Diese Temperatur hast du wahrscheinlich noch nicht oft kennengelernt.

Ich versichere dir, es hat nichts mit Kälte zu tun. Hat man allerdings vorher in einem Vulkan gelebt, mag es einem kühl vorkommen.

Sind Gefühle denn überhaupt so wesentlich?

Sie sind für viele Menschen Grund genug, um davor wegzulaufen. Demnach ...

... sind sie wohl eher wichtig, ist mir klar! Warum wollen wir oft nicht fühlen?

Weil fühlen auch Konsequenzen fordern kann. Wenn du beispielsweise spürst, dass eine Situation nicht gut für dich ist, oder eine Person dir weh tut oder dich schlecht behandelt, dann kann dich das Wahrnehmen deiner Gefühle unter Umständen dazu auffordern, aktiv zu werden. Das kann zum Beispiel heißen, du verlässt die Situation oder die Person oder du bringst deine Gefühle zum Ausdruck. Wenn du deine Wahrnehmungen ernst nimmst und damit dich selbst, dann haben sie oftmals auch eine Aufgabe für dich.

Du hast vorhin gesagt, man soll die Gefühle als einen Aspekt von sich sehen, der auf der gleichen Straße unterwegs ist, aber in die man sich nicht hineinsteigern soll.

Das stimmt. Gefühle wahrzunehmen und ausdrücken hat nichts mit hineinsteigern zu tun. Der Unterschied ist, dass einmal du derjenige bist, der bestimmt was geschieht und beim Hineinsteigern ist es das Gefühl. Du gibst dann nicht mehr den Ton an in deinem Haus. Die Emotion ist ausschließlich im eigenen Interesse unterwegs, während du das Wohl des Ganzen im Auge hast.

Warum habe ich Angst vor den Konsequenzen?

Wenn du ein Gefühl äußerst, weißt du ja nie, wie die andere Person darauf reagiert oder vielleicht machst du dich auch lächerlich. Es können dadurch viel eher Situationen in deinem Leben entstehen, auf die du nicht vorbereitet bist. Du gehst ein Risiko ein. Übergehst du deine Gefühle einfach, machst du weiter wie bisher und es geschieht weniger Unvorhergesehenes. Die Situation ist vielleicht nicht unbedingt angenehm, aber vertraut und bietet dir damit eine scheinbare Sicherheit.

Wieso scheinbar? Wenn alles so bleibt wie es ist, dann ist das doch eine Sicherheit.

Was verstehst du unter Sicherheit?

Dass ich weiß, was geschieht und alles unter Kontrolle habe.

Das weißt du doch nur, wenn du immer dasselbe tust. Und wenn du dich immer gleich verhältst, dann fühlst du nicht mehr, dass du gerne auch einmal etwas anderes tun würdest. Du hast dir dann das Fühlen abgewöhnt, um immer gleich agieren zu können. Denn wenn du deine Gefühle nicht wahrnimmst, tritt keine von dir initiierte Änderung ein und demzufolge ist das Geschehen kalkulierbarer. Und wenn es kalkulierbarer ist, meinst du, sei es sicherer. Wenn es das ist, was du mit Sicherheit gemeint hast, dann zahlst du einen hohen Preis dafür.

Welchen?

Dass du innerlich nicht mehr lebendig bist, weil du dir nicht erlaubst, zu fühlen.

Ich fühle schon, aber es resultiert nicht unbedingt eine Aktivität daraus.

Das heißt, du hast eine innere Wahrnehmung, ein Gefühl, das du nicht nach außen zeigst oder kommunizierst?

Ja.

Das musst du auch nicht. Der erste Schritt ist immer die Wahrnehmung deines Innenlebens. Danach kommt der Ausdruck, wenn du dich dafür entscheidest. Warum bringst du deine Gefühle meistens nicht nach außen?

Es erscheint mir nicht so wesentlich.

Nicht so wesentlich wie deine Sicherheit zum Beispiel?

Ja.

Warum wirst du so kleinlaut?

Ich schäme mich für mein Verhalten. Und habe den Eindruck, dass ich mich selbst belüge. Ich glaube nicht, dass Gefühle nicht wesentlich sind, wie ich eben gesagt habe.

Gefühle zu haben und zu fühlen heißt, lebendig zu sein. Gefühle zum Ausdruck zu bringen, heißt lebendig sein. Fühlst du dich lebendig? Oder geht dir deine Sicherheit über alles? Sogar über dein Leben?

Ich mag mich aber gerne sicher fühlen. Wie kann ich denn sonst Sicherheit finden?

Sie liegt in dir.

In mir?

Sie besteht beispielsweise darin, dass wir zusammen sind und kommunizieren. Das bildet einen großen Teil deiner Sicherheit. Ein anderer ergibt sich durch die Wahrnehmung deiner Gefühle. Du musst sie nicht kommunizieren. Noch wesentlicher ist dein Handeln gemäß deiner inneren Wahrheit. Dieses Handeln

stärkt dein Wissen darüber, wer du bist, du erlebst dich: Du fühlst, handelst, fühlst wieder, handelst erneut. Ein weiterer Punkt, der zu mehr Sicherheit führt: Du bringst deine Talente und Fähigkeiten, die ihren Ursprung in der Quelle haben, in die Welt und teilst deinen Reichtum mit anderen Menschen. Das alles zusammen gibt dir Sicherheit und lässt dich deinen Wert spüren. Du empfindest dein Inneres dann als einen Schatz, der es wert ist, wahrgenommen, gezeigt und gelebt zu werden.

Der eigene Wert

Ehrlich gesagt, fühle ich mich nicht wertvoll!

Wie kannst du dich wertvoll fühlen, wenn du das, was in deinem Inneren geschieht, nicht wertschätzt? Dort befinden sich deine Gefühle und deine Wahrheit und auch ich, deine innere Stimme, die direkt mit der Quelle verbunden ist. Jeder Mensch besitzt so ein Innenleben. Es ist geprägt durch das, was jeder erlebt hat und damit sind diese Eindrücke sehr individuell. Die Quelle allerdings ist bei allen gleich. Deine Aufgabe ist es, dieses Innere wahrzunehmen. Zunächst solltest du dir deiner Geschichte, deiner Erfahrungen und Emotionen bewusst werden, um dann über sie hinauszuwachsen und so das »Eine« in dir wiederzuentdecken, die Quelle allen Seins. Von dort empfängst du die Impulse für dein Leben. Das ist der Grund für dein Hiersein.

Aber glaubst du wirklich, es macht einen großen Unterschied für die Welt, ob ich das tue oder nicht? Meinst du wirklich, ich wäre wichtig?

Um dir das zu verdeutlichen, reichen Worte nicht aus. Sieh dir die folgenden Bilder an. Sie zeigen dir, wie wesentlich und wertvoll dein Hiersein ist. Und nicht nur deine Anwesenheit, sondern die von jedem einzelnen Menschen.
Gehen wir von der Annahme aus, dass jeder Kreis einen Menschen symbolisiert und alle zusammen ein Ganzes ergeben, dann ergibt sich folgendes Bild:

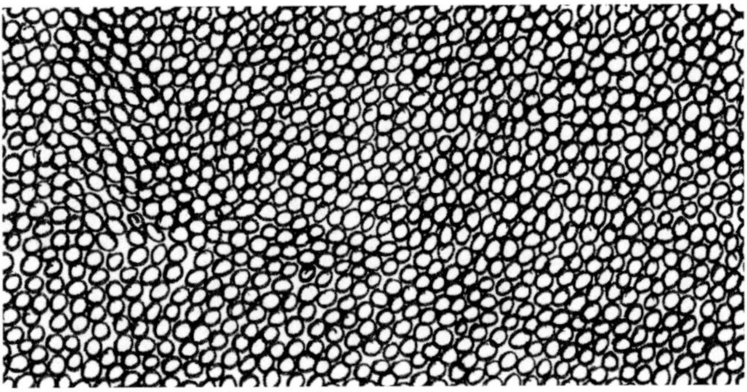

Und so sieht es aus, wenn nur einer fehlt:

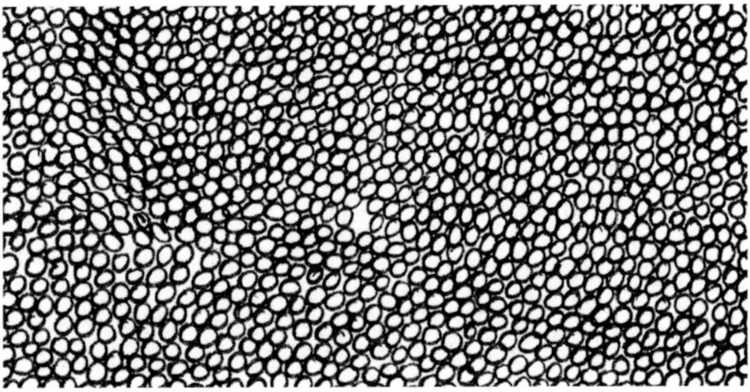

Siehst du den Unterschied?

Ja, es fällt schon ziemlich auf, ob ich da bin oder nicht.

Gut, dann hätten wir das geklärt. Dein Wert erschließt sich nicht aus dem, was du tust und auch nicht aus dem, was du besitzt. Er ergibt sich allein aus deinem Hiersein und wurde dir mit der Geburt in die Wiege gelegt. Denn du bist aus dem »Einen« entstanden, mit dem du immer noch verbunden bist. Aus diesem Grund ist jedes Lebewesen wertvoll. Weil in jedem das »Eine« ist.

Das »Eine«

Was ist das »Eine«?

Das »Eine« ist das Göttliche, der Ursprung allen »Seins«. Die Bilder, die wir eben angeschaut haben zeigen den Blick von oben. Betrachten wir das Bild von der Seite, sieht es so aus:

Die Ausbuchtungen stellen dabei die einzelnen Menschen dar. Jeder hat seinen direkten Zugang zu dem »Einen«, der Quelle. Das »Eine« verändert sich nicht und ist dein wahres Wesen. Freude, Zufriedenheit, Stille warten dort auf dich. Seit deiner Geburt trägt dich die Energie aus dieser Quelle durch das Leben. Sie nährt dich von innen. Die Außenwelt erfährst du über deine Sinne. Konzentrierst du dich sehr auf deine sinnlichen Erfahrungen, kann es geschehen, dass du deine Innenwelt und deine Wurzeln vergisst.
Deine ganze Aufmerksamkeit wendet sich nach außen, auf das, was du sehen, hören, riechen, anfassen kannst. Die folgende Zeichnung veranschaulicht das:

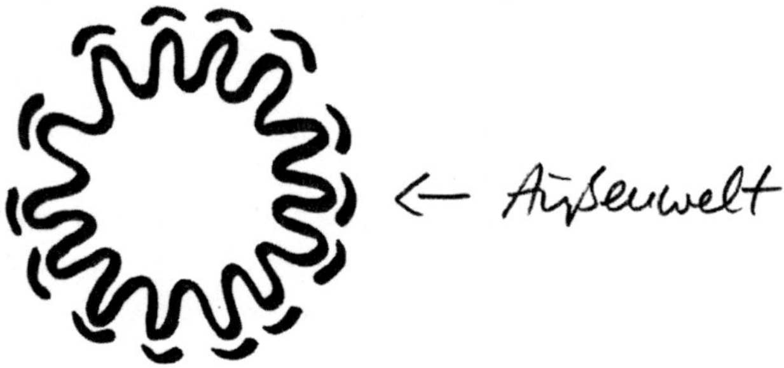

Du identifizierst dich mit den Geschichten, die du erlebst und den Rollen, die du darin einnimmst, Freundin, Mutter, Ehefrau, Sportlerin, Schriftstellerin usw. und glaubst, das bist du. Dabei vergisst du deine wahre Herkunft, das »Eine« und das Bewusstsein dafür, ein Teil des Ganzen zu sein.
Es ist gleich, welcher Art dein Leben ist, du bist immer ein Teil der Quelle und mit ihr verbunden. Und weil du die Quelle in dir trägst, bist du wertvoll. Sie ist das, was du wirklich bist. Beschäftigt bist du allerdings meistens mit der Außenwelt, den Geschichten, die du erlebt hast oder erleben möchtest. Dabei geht dir das Bewusstsein für das »Eine« verloren.

Sich der Quelle im Inneren bewusst zu sein, bedeutet übrigens Sicherheit. Weil du vorhin gefragt hattest, wie du dich sicher fühlen kannst. Das »Eine« war immer da und wird immer »da sein«. Wohingegen die Geschichten, die du erlebst, kommen und gehen. Sie haben einen Anfang, ein Ende und verändern sich ständig. Die Natur des »Einen« dagegen ist unwandelbar, ist ewig. Alles, was du wirklich bist und was über alle Zeiten hinaus Bestand hat, kommt aus dem »Einen«.

Deine Verunsicherung entsteht durch den Versuch, Sicherheit im Außen zu finden, wo ständiger Wandel die Regel ist. Das ist unmöglich. Geborgenheit findest du vor allem in der Erkenntnis:

Du selbst bist die Quelle, das »Eine«. Wenn du den Puls des Unendlichen in dir wahrnehmen kannst, hat deine Suche nach Sicherheit und Gewissheit im Außen ein Ende.

Und wie lenke ich meine Aufmerksamkeit wieder auf das »Eine«?

Es gibt so viele Wege dorthin, wie es Menschen gibt. Ich kann dir nur deinen zeigen. Jede innere Stimme kennt den Weg für denjenigen, der in seinem Haus wohnt. Willst du ihn kennenlernen?

Ja, das will ich.

Dann höre gut zu …

Liebe Freunde, ich kann mir vorstellen, dass Ihr brennend daran interessiert seid, welche Antwort mir meine innere Stimme gegeben hat.
Doch bevor ich Euch meinen Weg erzähle, möchte ich, dass Ihr selbst mit Eurer inneren Stimme Kontakt aufnehmt und nach Eurem Weg fragt. Ja, ich weiß, es ist bequemer, Antworten einfach zu lesen, als selbst nach Ihnen zu forschen. Und Ihr lest ja diesen Text, um Antworten zu bekommen. Nur, ich wäre keine gute Freundin, wenn ich Euch der Chance berauben würde, Eure Quelle selbst zu entdecken. Wendet Eure Aufmerksamkeit nach innen, seid ein Abenteurer auf neuen Wegen. Nein, nicht jetzt. Hebt Euch das für später auf, wenn Ihr alleine seid und Ihr Eure innere Stimme klar und deutlich vernehmen könnt.
Im Grunde ist meine Antwort auch völlig ohne Belang für Euch, da kein Weg wie der andere ist und jeder seinen eigenen geht. Also viel Spaß bei Eurem Experiment!

Alles mit dem Herzen tun

Ein Weg, deine Aufmerksamkeit wieder mehr nach innen zu verlagern ist, alles mit dem Herzen zu tun. Denn im Herzen kommt alles zusammen. Die Geschichte, die du erlebt hast und dein Ursprung.

Was bedeutet es, alles mit dem Herzen zu tun?

Du schickst deine Aufmerksamkeit zum Herzen. Du schaust aus dem Herzen, redest aus dem Herzen, denkst aus dem Herzen heraus. Kurzum – du wohnst in deinem Herzen. Du wirst spüren, wenn du dieser Anregung folgst, dass die Welt viel »weicher« wird.

Muss ich dann immer freundlich sein, wenn ich aus dem Herzen heraus lebe, ganz gleich wie andere Menschen mich behandeln?

Wie kommst du denn darauf? Vom Herzen aus zu handeln und zu reden kann auch heißen, dass du wütend wirst, zornig oder traurig reagierst. Aber es macht einen großen Unterschied, ob dein Herz involviert ist oder nicht. Wenn du wütend und zornig bist und dabei nicht aus dem Herzen heraus handelst und redest, dann bist du mehr auf die andere Person und deren Verhalten fokussiert. Du versuchst sie zu überzeugen, zu verändern oder zu manipulieren. Das Ziel und die Absicht ist dann die andere Person.

Handelst oder sprichst du dagegen aus dem Herzen, bist du selbst das Ziel, dein Selbstausdruck. Du brauchst dafür keine Kraft, keine Härte, weil du niemanden damit beeinflussen willst. Es geht dabei in erster Linie um eine Loyalität dir selbst gegenüber: Du zeigst, was du im Inneren empfindest. Darum ist

Ärger, der aus dem Herzen kommt »weicher« Ärger, Wut, die aus dem Herzen kommt »weiche« Wut. Andere spüren zwar deinen Ärger oder deine Wut, aber sie werden davon nicht bedrängt. Emotionen, die aus dem Herzen kommen, greifen andere nicht an und kommen ihnen nicht zu nahe. Die Gefühle sind wie eine Wolke, die sich dunkel verfärbt, aber sie können dahinter den blauen Himmel noch erahnen. Die andere Person bleibt weitgehend frei von deiner Emotion.

Durch Wut, die ohne Verbindung zum Herzen geäußert wird, fühlt sich der Andere meist angegriffen. Instinktiv entsteht in ihm eine Abwehrreaktion, um sich vor dieser mächtigen Energie zu schützen. Dann reagiert er vielleicht ähnlich heftig, wie du es getan hast und bringt dich wiederum in Bedrängnis. Aus solchen Situationen können Kriege entstehen.

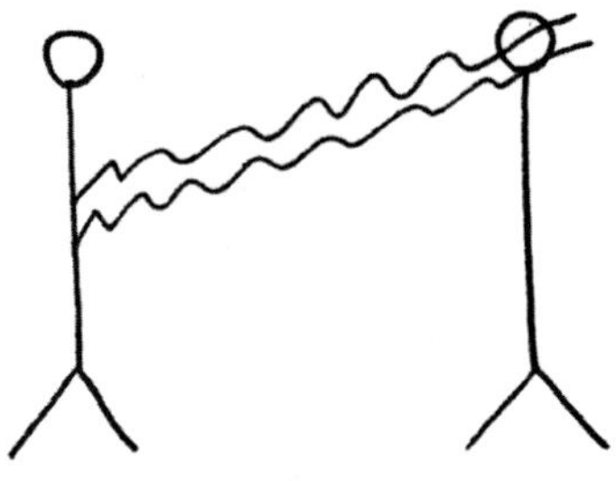

Ich dachte immer, aus dem Herzen heraus zu handeln oder zu reden, bedeutet, dass man immer Gutes tut.

Nein, mit dem Herzen verbunden sein, heißt, mit allem was du bist in der Situation zu »sein«: mit deiner Geschichte und gleichzeitig mit der Verbindung zu deinem Ursprung. Da kann es auch vorkommen, dass du ärgerlich bist oder wütend, aber du verfolgst dabei nicht die Absicht, eine Änderung bei den Beteiligten zu bewirken. Dir geht es um deinen Selbstausdruck und du bist offen für die Reaktionen, die dadurch ausgelöst werden.
Nur weil du mit deinem Herzen im Einklang lebst, heißt das nicht, dass du alles gut finden musst, was geschieht. Dein Herz verlangt nicht von dir, dich für Andere aufzugeben und deine Empfindungen zu leugnen. Was dein Herz möchte, ist Achtsamkeit und Liebe für dich selbst und für andere Menschen. Und ich habe »dich selbst« bewusst zuerst genannt. Denn an erster Stelle kommt die Eigenliebe.

Liebe – was ist das?

Liebe ist Energie, ein Bewusstsein, das einen Raum erschafft, in dem alles sein darf, was in dem Moment da sein möchte. Sie ist einfach da, trägt und umhüllt, ohne selbst eine Eigenschaft beizusteuern. Lieben heißt Raum geben.

Liebe – Energie ohne Eigenschaft

Ist mir dann alles egal, was geschieht, wenn ich so liebe, wie du es beschreibst?

Nein, denn »egal« ist nicht ohne Eigenschaft. Egal meint eher, jemandem die kalte Schulter zeigen. Du wendest dich ab, wenn dir etwas egal ist und unterbrichst somit den Energiefluss dorthin. Wenn du aber mit »egal« gleich meinst und du sagst in einer Situation »es ist mir gleich«, dann bist du mit allen Möglichkeiten einverstanden und gibst ihnen Raum und Aufmerksamkeit.

Was verstehst du unter »Energie ohne Eigenschaft«?

Wenn du dich ärgerst, freust, traurig bist, glücklich, dann hat die Energie genau die Eigenschaft, die diese Gefühle in dir kreieren. Die Liebe ist eine neutrale Energie.

Und was ist das Besondere an dieser Energie, außer dass sie neutral ist?

Sie hat sehr große Kraft. Sie trägt und unterstützt, was da ist. Sie ist die Energie direkt aus der Quelle und vergleichbar mit einem Joker im Kartenspiel. Du kannst sie einsetzen, wie du möchtest. Diese Energie gibt nichts vor. Sie kommt aus deinem tiefsten Inneren. Das ist Liebe. Sie ist von Natur aus neutral. Ihre besondere Form ermöglicht ihr, alles zu durchdringen und in jeder Materie zuhause zu sein. So, wie sie in allem ist, umhüllt sie auch alles. Sie ist innen und außen, sie ist überall.

Das folgende Modell wird dir das Gesagte verdeutlichen:

Ärger-Energie kannst du dir zum Beispiel so vorstellen:

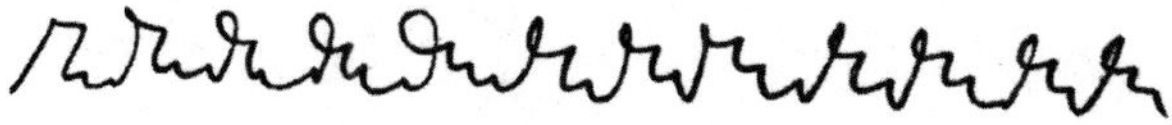

Verzweiflungs-Energie könnte so aussehen:

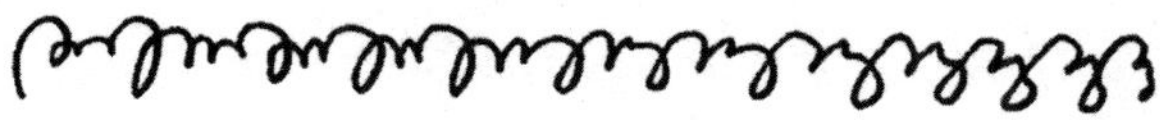

Freude-Energie so:

Glücks-Energie könnte so aussehen:

Trauer-Energie stellt sich in unserem Modell so dar:

Alle diese Formen sind entstanden aus:

der neutralen Linie. Sie ist die Grundenergie, die allem innewohnt. Sie formt, nährt und umhüllt alles. Man nennt sie Liebe, die reine ursprüngliche Energie aus der Quelle. Sie kommt zu uns durch unsere eigene Verbindung dorthin und wird spürbar durch andere

Menschen, die in Wort, Tat und Sein mit ihrem Herzen verbunden sind und uns dadurch diese Energie schenken.

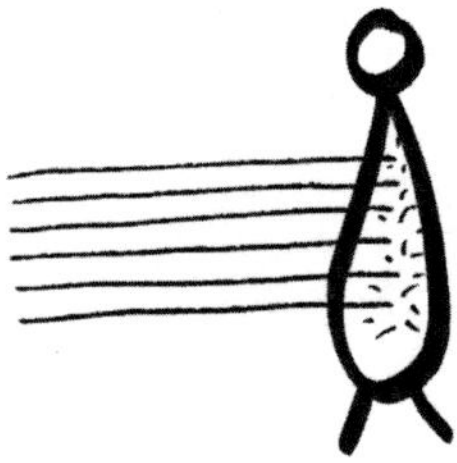

Treffen Emotionsenergien anderer Menschen auf dich, können sie aufgrund ihrer Form, wie du hier siehst, nicht eindringen und bringen dir keinen Nährwert.

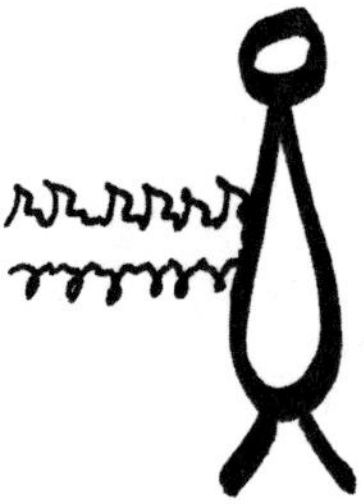

Sie bleiben vielmehr außen an dir kleben, blockieren dich und hindern dich an einer freien Bewegung. Zunächst erwecken sie in dir den Eindruck, etwas bekommen zu haben. Doch diese Energien machen dich nicht reicher, nur schwerer. Eine andere Person hat dir zwar Aufmerksamkeit und Gefühle zukommen lassen, allerdings hat dies keine förderliche Qualität. Handelst und redest du vom Herzen aus, dann ist deinen Emotionsenergien mehr neutrale Energie beigemischt, die direkt aus der Quelle kommt und die sowohl dich als auch die an der Situation beteiligte Person stärkt.

Und wie sieht dann zum Beispiel Ärger aus, der aus dem Herzen kommt?

Er steigt aus dem Herzen als gerade Linie auf, verändert seine Form für eine kurze Zeit und wird dann wieder zur geraden Linie.

Andere spüren dann auch deinen Ärger, aber gleichzeitig nehmen sie deine Achtung und deinen Respekt ihnen gegenüber wahr. Dieser Ärger will nichts von ihnen, er will sie nicht verändern oder manipulieren, dieser Ärger will gezeigt werden. Das ist alles.

Und warum soll ich meinen Ärger dann überhaupt noch zeigen, wenn er nichts bewirken will?

Du zeigst ihn, weil er ein Teil von dir ist und deine Reaktion auf eine Situation darstellt. Man nennt das »Selbstausdruck«.

Und wem dient das?

Dein Selbstausdruck dient der Vervollkommnung der Welt. Die Person, der du deinen Ärger zeigst, kann viel daraus lernen. Vorausgesetzt sie möchte das. Und du kannst viel aus deinem Ärger lernen. Vorausgesetzt du möchtest das. Jeder hat einen freien Willen. Deswegen bleibt die Entscheidung, ob jemand die Reak-

tion seines Gegenübers annehmen möchte, immer jedem selbst überlassen. Und wenn du deinen Ärger aus dem Herzen heraus zeigst und nicht versuchst, andere damit zu bekämpfen, respektierst du damit automatisch den freien Willen deines Gegenübers.
Jeder hat die Wahl, wie er mit der Situation umgeht. Und du hast natürlich auch die Wahl, eine Situation, die dich stört, zu verlassen oder dich von einer Person abzuwenden. Diese Freiheit magst du doch, oder?

Die Freiheit der Wahl

Ja, klar. Freiheit ist sowieso das Allerbeste.

Was beeindruckt dich so sehr an der Freiheit?

Dass ich so viele Möglichkeiten habe.

Und was ist so faszinierend daran, unendlich viele Möglichkeiten zu haben?

Jede Möglichkeit ist ein Traum, mit dem ich spielen kann, den ich mir ausmale, anfühle und dann wieder umträume und ... das macht herrlichen Spaß.
Es ist fantastisch, viele Möglichkeiten zu haben.

Weißt du, welches Bild mir dazu in den Sinn kommt?

Nein, welches?

Dass du auf einem Bahnhof stehst und begeistert die Tafeln mit den Zielen liest. Du träumst von Paris, versuchst dir vorzustellen, wie ein Leben in Prag ist, dann wie die Berge in Tirol wohl aussehen, die Fjorde in Finnland und über all diesen Vorstellungen bemerkst du nicht, dass du tage-, monatelang auf dem Bahnhof stehst und in Wirklichkeit nichts anderes gesehen hast, als Gleise und Anzeigetafeln. Der Bahnhof ist nur eine Durchgangsstation. Was ich dir damit sagen will: Der Moment der Freiheit ist meist nur ein kurzer. Dann triffst du eine Wahl. Du gehst einen Weg. Du reist nach Paris oder nach Tirol oder nach Finnland. Es ist ganz gleich, wohin du gehst, aber du gehst. Dein Weg entsteht, indem du die Freiheit der tausend Möglichkeiten aufgibst. Sonst verbringst du dein Leben auf dem Bahnhof.

Weißt Du, frei zu sein, bedeutet in erster Linie, eine Wahl zu haben. Hast du die Wahl? Oder bist du gezwungen in deinem Bahnhof zu bleiben, weil du glaubst nur dort sei die Freiheit? Dann frage ich dich jetzt, wie kannst du frei sein, wenn du gezwungen bist, an dem Ort der tausend Möglichkeiten zu bleiben? Du bist gar nicht frei, zu gehen, wohin du willst.

Wenn ich mich für einen Weg entscheide, dann gehen mir so viele andere Möglichkeiten verloren. Ich entscheide mich für einen und verliere damit tausende möglicher Wege.
Von daher mag ich es nicht so gerne, mich für einen zu entscheiden. Das Gewicht der tausend anderen wiegt so schwer gegen den einen Weg, den ich gehen kann.

Aber nur, weil du ihnen so großes Gewicht beimisst. Das Vorgestellte und die Fantasie nehmen bei dir sehr viel Raum ein. Mehr als die Realität, dem tatsächlich mit deinem Körper und deinen Sinnen Erlebten. Du ziehst es vor, in einer Traumwelt zu leben, die deinen Körper von Erfahrungen ausschließt oder man kann auch sagen, schützt. Weißt du, warum du das tust?

Nein … das ist mir bislang nicht bewusst gewesen.

Weil du Angst hast, deinen Körper zu fühlen. Weil er dich erinnert. Seit damals versuchst du ihn aus dem Geschehen herauszuhalten, indem du ihn weitestgehend ignorierst. Lieber träumst du von vielen Möglichkeiten. Aber bist du damit zufrieden?

Nein, ich bin meistens unruhig und auf der Suche … nach … Eigentlich weiß ich nicht so genau, was ich suche.

Du bist auf der Suche nach dir, nach deinem Haus und der Quelle, die darin auf dich wartet. Erinnerst du dich, dass wir zu Beginn schon einmal davon sprachen?

Ja, klar erinnere ich mich. Ist das wirklich so wesentlich?

Was meinst du, warum wir darauf zurückkommen?

Weil es wichtig ist und vieles damit zusammenhängt?

Du bist ein kluger Kopf. Manchmal. Aber häufig ziehst du auch das Nicht-wissen-Wollen vor.

Gibt es auch Punkte, die du nicht von mir weißt? Kann ich dir denn gar nichts vormachen?

Nein, das kannst du nicht. Aber du allein bestimmst, wie es weitergeht. Ich kann dich nur beraten. Die Entscheidungen triffst du immer selbst, weil du einen freien Willen hast. Wollen wir eine Pause machen?

Was bringt mir die Pause?

Einen Aufschub deines »Lieblingsthemas«.

Und das erledigt sich nicht irgendwie von selbst?

Hast du schon mal erlebt, dass sich ein Rasen von selbst mäht oder Zähne sich von alleine putzen?

Die Flucht – Teil 2 – und die Rückkehr

Okay, sprechen wir noch mal davon, wie ich mein Haus verlassen habe. Wieso habe ich das getan? Erkläre es mir bitte noch einmal!

Weil du in deinem Haus zu viel gefühlt hast: Angst, Verzweiflung, Traurigkeit, Wut. All diese Gefühle zusammen waren zu intensiv für dich. Du hattest nur einen Ausweg gesehen, um dem Ganzen entfliehen zu können: Du hast dein Haus verlassen.

Nach deiner Flucht, warst du erst einmal ziemlich erleichtert, glücklich über deine neu gewonnene Freiheit. Schon bald hattest du keine Ahnung mehr davon, was du zurückgelassen hast. Und hast doch in allem, immer nur genau das gesucht.

Wie kann ich etwas suchen, von dem ich nichts weiß?

Du weißt es nicht denkend, du weißt es fühlend. Du nimmst es dort wahr, wo es keine Worte gibt und weil es an jenem Ort keine Worte gibt, kannst du es nicht denken, aber trotzdem hast du es gewusst.

Wie weiß man wortlos?

Man weiß wortlos genauso, wie man Wolken nicht greifen kann.

Diesen Satz verstehe ich nicht. Nicht wirklich. Er löst kein Verstehen, nur ein Gefühl in mir aus.

Dann lass diesen Satz in dein Innerstes sinken und spüre, welche Kreise er in dir zieht. Du musst nicht alles mit dem Verstand verstehen, wie du es gewohnt bist. Du kannst die Kreise vielmehr schauend und fühlend erleben. Das ist alles.

Vieles stellt sich ganz anders dar, wenn ich mit dir spreche. Jetzt bleibt nicht einmal das Verstehen ein Verstehen, wie ich es vor unserer Unterhaltung gekannt habe. Wo waren wir stehen geblieben? Ach ja – was geschieht, wenn ich mein Haus wieder betrete?

Du kannst dein Haus neu aufbauen und renovieren. Du gehst hinein, machst eine Bestandsaufnahme: Wer begegnet dir dort? Was fühlst du? Was will gesehen werden? Und kannst es dann gestalten, wie du es möchtest. Erkenne die Gefühle an, die dort auf dich warten, aber verliere dich nicht in ihnen. Wir sprachen vorhin darüber wie das geht. Ja und ein weiterer wichtiger Grund für deine Rückkehr ist, dass ich auch hier bin, hier in deinem Haus.

Warum bist du eigentlich dort? Was ist deine Aufgabe?

Meine Aufgabe ist es, dich an dein Haus zu erinnern und dich wieder dorthin zurückzuholen. Vorhin sprachen wir von Sicherheit: Ein weiterer Schritt zu mehr Sicherheit ist, in deinem Haus zu sein. Dort erwarten dich Wärme, Schutz, Geborgenheit. Erinnere dich: Das Haus ist der Ort, an dem du mit all dem versorgt wirst, was du brauchst. Es ist der Ort, an dem du dei-

ner Seelenaufgabe nachkommen kannst. Solange du nicht in deinem Haus bist, ist es, als würden sich Karosserie und Motor eines Autos getrennt voneinander fortbewegen.

Ja, ich verstehe, im Grunde funktioniert das nicht.

Erst, wenn sie zusammenkommen sind sie in der Lage, ihrer eigentlichen Aufgabe nachzukommen, die mehr ist, als sie alleine zustande bringen könnten: sie können fahren und als Transportmittel dienen. Weder Karosserie noch Motor hätten allein diese Aufgabe erfüllen können. Ist das für dich nachvollziehbar?

Ja, sehr einprägsam, wirklich. Bin ich jetzt die Karosserie oder der Motor?

Das kannst du dir aussuchen. Es geht ja auch nicht darum, wer was ist, sondern eher darum, dass beide zusammen mehr bewegen können, in diesem Beispiel im wahrsten Sinne des Wortes, als sie es allein je gekonnt hätten.

Ja, ja ich weiß schon. Das Ganze ist mehr als die Summe seiner Einzelteile. Das ist allgemein bekannt.

Und wird doch selten beachtet.

Wahrscheinlich, weil eine Karosserie eine Karosserie bleiben will und ein Motor ein Motor. Und sie nicht unter dem Oberbegriff Auto »untergehen« möchten. Sie legen Wert auf ihre Individualität, ihre Eigenständigkeit.

Aber das bleiben sie doch auch, wenn sie sich unter dem Begriff Auto zusammenfinden. Du kannst beide klar voneinander unterscheiden. Nach wie vor. Und gleichzeitig sind sie als Teil des Ganzen tätig. Und machen das Ganze erst möglich.

Und du willst also uns, den Teil, den ich zurückgelassen habe und mich, wieder zusammenbringen? Das ist deine Aufgabe? Die Vereinigung von Motor und Karosserie?

Ja, genau so ist es.

Deine Aufgabe

Und wenn ich dann wieder in meinem Haus bin, kann ich meine Aufgaben erfüllen. Was genau ist meine Aufgabe?

Das fragst du mich? Hast du wirklich keine Ahnung? Oder fragst du mich in der Hoffnung, ich würde dir eine andere Antwort geben als die, die du schon ahnst? Weil die, die du kennst, etwas unbequem für dich ist?

Hm, ehrlich, ich hoffe, ich komme um das, was ich schon weiß, herum. Ich könnte mich ja täuschen.

Liebe Freunde, was glaubt Ihr, ist Eure Aufgabe? (Es können natürlich auch mehrere sein). Sie hängt direkt mit Euren Talenten und Fähigkeiten zusammen und sie ist relativ einfach für Euch. Einfacher als für andere. Wobei einfach nicht heißt, dass es Euch keine Anstrengung kostet oder dass Ihr immer nur Spaß daran habt. Ihr könnt diese Aufgabe an Folgendem erkennen: Sie fördert ganz sicher das Beste in Euch zutage. Und lässt Euch Dinge erleben, die von unschätzbarem Wert für Euch und auch für andere sind. Es kann etwas sein, dass immer wieder in Euren Gedanken auftaucht und dass Ihr vielleicht belächelt und nicht ernst nehmt. Weil es Euch abwegig erscheint oder merkwürdig oder Ihr meint, Ihr habt keine Zeit dafür oder Ihr wäret nicht gut genug darin. Was auch immer die Gründe für Euer bisheriges Nicht-Tun sein mögen – sie sind nur ein Vorwand. Sie werden meist vom »inneren Boykotteur« vorgebracht, der unbedingt verhindern möchte, dass Ihr glücklich werdet.

Jetzt habe ich eine Bitte an Euch: Nehmt Euch ein Blatt Papier und schreibt ganz spontan auf, was Euch zum Thema »Meine Aufgabe« in den Sinn kommt. Schreibt einfach drauflos und denkt nicht lange darüber nach, denn dann

hat Euer »innerer Kritiker« keine Zeit, Gegenargumente zu finden.
Na kommt schon, lasst Eurer Fantasie freien Lauf und seid gespannt auf das Ergebnis.
Mir ist meine Aufgabe schon bewusst. Aber ich sage Euch, wie es ist: ich will sie nicht. Oder besser so: Ein Teil in mir will sie nicht, denn sie fordert Verhaltensweisen von mir, die mir nicht ganz leicht fallen. Ich kann Anstrengung nicht ausstehen. Überhaupt mag ich nichts, was ich tun »muss«. Und meine Seelen-Aufgabe ist ja dann so ein »muss«, ein gefühltes zumindest. Ich möchte Euch hier ein inneres Gespräch wiedergeben, das deutlich macht, wie geschickt ein Teil in mir argumentiert, um der Aufgabe auszuweichen. Er hat es faustdick hinter den Ohren und sprachlich gewandt ist er auch noch.
Also, liebe Freunde, hier kommt ein Exklusivbeitrag aus dem Leben von einer, die auszog, um einer ihrer Aufgaben, dem Schreiben, nachzukommen und die dabei große Widerstände erlebt. Die Gesprächsteilnehmer sind: eine, die Schreiben will und eine, die dafür ganz und gar keine Veranlassung sieht:

Lass uns schreiben

Nein, keine Lust.

Warum willst du nicht schreiben?

Ich finde das ziemlich langweilig. Das Leben findet woanders statt. Das Leben sind andere Menschen, sind Liebesgeschichten, sind andere Länder, ist Kommunikation, ist in Augen schauen, ist berührt werden, ist Lachen, ist Neues entdecken – hier ist doch das Schnarchen zuhause. Schreiben soll mein Seelenauftrag sein?

Ich weiß nicht, ob ich den annehmen will. Wer gibt mir diesen Auftrag? Wer kann mir überhaupt einen Auftrag er-

teilen? Ich dachte, einfach soll das Leben sein und Spaß soll es machen. Schreiben ist nicht einfach.

Doch es ist einfach, weil es dir leicht von der Hand geht und nicht besonders anstrengend ist.

Es ist mit gähnender Langeweile gepaart, was auch sehr anstrengend ist.

Es gibt eben Pflicht und Kür oder mit anderen Worten gesagt: es gibt Zeiten, in denen man tun und lassen kann was man will – die Kür und es gibt Zeiten, in denen man sich einem Ziel hingibt – was dann als Pflicht interpretiert werden kann.

Das sagt wer?

Das Leben.

Steht das irgendwo?

Ist es wichtig, dass es irgendwo steht?

Es würde der Aussage mehr Kraft und einen soliden Charakter verleihen.

Du brauchst es demnach schwarz auf weiß?

Meinetwegen auch rosa auf schwarz. Es soll deiner Meinung nach also Pflicht und Kür geben. Auf das gesamte Universum bezogen, will ich dem wohl zustimmen. Irgendwo gibt es die Pflicht und irgendwo auch die Kür. Aber warum die Beiden unbedingt an einem Ort und damit in meinem Leben sein sollen, das will mir noch nicht so recht einleuchten. Also – wo steht das?

Ich weiß nicht, wo es steht. Man sagt das so.

Man. Wer ist das?

Viele Menschen sind man.

Viele Menschen haben also an einem Ort auf dieser Welt zusammengestanden und gesagt: Pflicht und Kür gehören zum Leben dazu.

Die haben nicht irgendwo zusammengestanden und das gesagt.

Sondern?

Viele haben das gesagt, aber nicht zur gleichen Zeit. Jeder zu einem anderen Zeitpunkt.

Und du hast sie das alle sagen hören?

Nein, nicht alle. Vielleicht eine oder zwei.

Und zwei sind dann schon »man«? Und weil du das von zweien gehört hast, ist das jetzt ein allgemeingültiges Gesetz? Bist du schon mal auf die Idee gekommen, dass es nur drei auf der ganzen Welt sein könnten, die das mit der Pflicht und der Kür sagen? Nämlich du und die zwei, die du das hast sagen hören? Von einer Mehrheit kann man da wohl nicht sprechen. Diese drei sind selbst für eine Minderheit zu wenig. Und damit willst du mich beeindrucken? Hast du nichts Besseres auf Lager? Woher kommt dieser Auftrag?

Er kommt von unserer Seele.

Unsere Seele will also schreiben?

Sie will sich ausdrücken durch das Schreiben, ja.

Wieso braucht sie uns dazu?

Eine Seele kann nicht schreiben.

Wieso will sie etwas, dass sie selbst nicht kann?

Das ist das Wesen der Seele. Sie drückt sich durch den Körper aus, in dem sie lebt. Sie kann selbst nichts tun, sie braucht uns dazu.

Kennt sie uns?

Ja, klar.

Warum gibt sie mir einen Auftrag, der mir keinen Spaß macht, wenn sie mich doch kennt?

Es geht ihr im Leben nicht nur um Spaß haben. Vielleicht glaubt sie, es könnte gut für uns sein und für andere, wenn wir das tun oder wir könnten etwas dabei lernen.

Was zum Beispiel?

Das werden wir erst hinterher genau wissen, wenn wir die Erfahrung gemacht haben.

Das ist ja ein Supertrick. Ich soll mir erst die Arbeit machen mit dem vagen Versprechen, dabei gäbe es besonderes zu erlernen und es könnte eventuell Spaß machen. Ich wiederhole eventuell, weil genaue Aussagen bekomme ich ja nicht, von unserer Seele. Ich bleibe dabei: Schreiben ist mir einfach zu langweilig!

Liebe Freunde, solche Dialoge finden in meinem Inneren statt, wenn es um meine Seelen-Aufgabe geht. Mag Euch das Gespräch ein Beispiel sein für die »Einfachheit« der Realisation der Seelen-Aufgabe.

Ach ja, Leute und eins dürfte Euch inzwischen ja klar sein. Es würde diesen Text nicht geben, wenn der Teil in mir, der so lange gegen das Schreiben gekämpft hat, es sich nicht anders überlegt hätte und jetzt gerade hier mit mir sitzt und diese Zeilen verfasst. Ihr seht: Es gibt Hoffnung. Also bleibt dran an der Realisation Eurer Aufgabe.

Warum sträubst du dich gegen das Schreiben?

Es gibt mehrere Gründe. Weil ich sitzen muss und mich nicht bewegen kann und es still wird in mir. Und dann, weil ich dich, meine innere Stimme, beim Schreiben höre und weil du mich an nicht sehr glückliche Zeiten erinnerst. Du warst es doch, die mir damals gesagt hat, freu dich und lache – und dann haben sie mein Haus zum Wanken gebracht. Sag mir, wie kann ich dir, meiner inneren Stimme, wieder trauen? Und wäre es vielleicht nicht geschehen, wenn ich mich anders verhalten hätte?

Ich bin hier – der Rest, die Vergangenheit, ist dort

Ich habe es vorhin schon einmal zu dir gesagt: Es gibt keinen direkten Zusammenhang zwischen dir und dem, was geschah. Du warst nicht die Ursache. Sie hätten so oder so an deinem Haus gerüttelt und die Wände zum Einstürzen gebracht. Ganz gleich, was du getan oder nicht getan hast.
Nur, weil du damals keinen anderen Ort als dein Haus kanntest und keine andere Stimme dir vertrauter war als meine, dachtest du, ich (und damit du selbst) bin Schuld daran, dass all das passiert ist. Von diesem Tag an hast du vor allem eins getan: nicht mehr auf mich, deine innere Stimme gehört.
Im Laufe der Zeit hast du mich nicht einmal mehr mit dir selbst in Verbindung gebracht. Du hast mich als etwas betrachtet, dass außerhalb von dir liegt, was ja auch fast gestimmt hat, wenn man bedenkt, wie weit du dich von mir entfernt hattest. Es war, als ob du in deinem Haus auf den Dachboden geklettert warst und jedes Geräusch, dass aus dem Keller oder dem Erdgeschoss kam, als so weit weg wahrgenommen hast, dass du sicher warst, es käme von nebenan oder von irgendwo her, aber nicht aus deinem eigenen Haus, das für dich zu dem Zeitpunkt sowieso nur noch aus Dachboden bestand. Und jetzt, da du langsam begreifst, dass dein Haus noch mehr Etagen hat, da bekommst du es auf einmal mit der Angst zu tun und malst dir Horrorgeschichten aus, was dich in den anderen Stockwerken erwarten könnte.

Ich fühle mich nicht wie in einem Haus, in dem es drei verschiedene Etagen gibt. Ich bin hier, der Rest ist dort. Mit der Vergangenheit habe ich nichts mehr zu tun.

Das Alles bist du. Nur, weil du dich davon abgewandt hast, glaubst du, du wärst es nicht. Würde ein Elefant auf seine Füße schauen und sagen, da ich nur meine Füße sehe, bin ich nur das? Der Rest kann nicht zu mir gehören, da ich ihn nicht sehe.

Jetzt werde aber nicht komisch, das ist doch eine ganz andere Ausgangslage. Schließlich sind die Füße mit dem Rest des Körpers verbunden. Aber die Vergangenheit gehört nicht mehr zu mir. Ich bin hier und sie ist dort.

Es gibt kein Hier und kein Dort. Das ist nur eine Geschichte, die du dir erzählst. Du hast ein dort erfunden, damit du meinst, einen Teil von dir da ablegen zu können. Tatsache ist: Du, die Vergangenheit und das Haus ihr gehört zusammen, wie ein Fluss zu seiner Quelle. Selbst wenn du einen Fluss tausend Kilometer entfernt von seiner Quelle antriffst, ist es nicht richtig, wenn er sagt: »die Quelle gehört nicht zu mir«. Man kann seinen Ursprung nicht verleugnen. Du bist ein Teil von ihm und er ein Teil von dir.

Kannst du nicht verstehen, dass ich Angst vor den anderen Etagen meines Hauses habe? Speziell vor dem Keller?

Doch, das kann ich sehr gut verstehen. Ich hoffe und wünsche mir nur, dass du trotz deiner Angst weitergehst. Denn was von weitem wie ein gruseliges dunkles Loch aussieht – ist in Wahrheit deine größte Schatzkammer.

Nimm es mir nicht übel, aber gerade kommt mir die alte Hexe in den Sinn, die Hänsel und Gretel mit Süßigkeiten in ihre Hütte locken will. Die von dir erwähnte Schatzkammer scheint mir auch ein solches Lockmittel zu sein. Ich weiß nicht, was mich da unten erwartet. Es sieht irgendwie düster aus und ich bin lieber im Licht.

Ich will dich nicht locken mit Schätzen und Reichtümern der herkömmlichen Art. Dein Haus ist eine Schatzkammer für dich, weil ich dort bin und der Teil, den du vor langer Zeit dort zurückgelassen hast. Es wäre die Heimkehr zu einem guten alten Freund. Und der Zeitpunkt, von dem an du dich selbst als Schatzkammer und damit als wertvoll erkennen würdest.

Woran erkenne ich, dass ich mich wertvoll fühle?

Wenn du dir uneingeschränkt Gutes tust und das Beste für dich annehmen kannst.

Tut das nicht jeder?

Das Haus neu kennenlernen

Nein, den Eindruck habe ich nicht. Die Meisten hören Sätze in sich wie: »Das geht jetzt nicht, weil ...« oder: »Bevor du ausruhen kannst, musst du erst noch dies und jenes tun« oder: »Das mache ich später, jetzt habe ich dafür keine Zeit« oder: »Dafür habe ich kein Geld«. Das sind ganz typische Sätze oder Gedanken von Menschen, die sich nicht als wertvoll empfinden. Sie verschieben sehr viel in die Zukunft, vor allem das Gute und Angenehme.
Mal ganz im Ernst, wie soll sich jemand als wertvoll, also voll von Wert empfinden, wenn die Hälfte von ihm unbeachtet in einem dunklen Keller haust? So wie das bei dir ist? Und du bist kein exotisches Exemplar. Das ist eher die Regel.

Ja, das weiß ich auch nicht, wie das gehen soll. Es leuchtet mir ein, dass man sich nur wertvoll fühlen kann, wenn man alles an und in sich als gut empfindet. Ich glaube, davon bin ich weit entfernt.

Bestimmt nicht so weit, wie du jetzt annimmst. Denn alles befindet sich ja in einem Haus. Es ist alles ganz nah.

Und wie nehme ich mit dem Keller Kontakt auf?

Fühle – das ist alles.

Ich mag aber gewisse Gefühle nicht. Ich will nicht traurig, verzweifelt sein, mich allein fühlen, nicht wissen, wie es weitergehen soll.

Da sieh mal einer an, du scheinst ja doch schon öfter in deinem Keller gewesen zu sein. Ich bin beeindruckt.

Ich weiß nicht, ob ich dort war, oder ob sich die, die dort ist, manchmal ans Licht gewagt hat und zu mir auf den Dachboden gekommen ist.

Wie auch immer. Aber es gab Begegnungen, denn du scheinst doch sehr genau zu wissen, was dich dort erwartet.

Ja und genau deswegen will ich nichts damit zu tun haben. Es fühlt sich einfach nicht gut an.

Weißt du, was das im Klartext bedeutet? Dass du der Person, die du in der Situation warst, als diese Gefühle entstanden sind, die Existenzberechtigung absprichst. Du sagst zu dieser kleinen unschuldigen Person: Du bist verzweifelt? Du fühlst dich allein? Du weißt nicht, wie es weitergehen soll? Dich will ich nicht. Du gehörst nicht zu mir. Du bist gar nicht da. Du sagst dieser Person: Du existierst nicht, du bist ein Nichts. Denn nur ein Nichts ist ja nicht da.
Kannst du dir eine Situation vorstellen, in der du zu einem kleinen verängstigten Kind genauso sprechen würdest? Hier in der Realität. Stell es dir in allen Details vor: Du bist auf einer Wiese, ein kleines blondes Mädchen kommt auf dich zugelaufen. Es hat die Arme geöffnet, es hat rote verweinte Augen, es schluchzt. Alles, was es möchte, ist, von dir in die Arme genommen zu werden. Als das Kind bei dir angekommen ist, weichst du ein paar Schritte zurück. Abwehrend hältst du die Hände hoch und sagst: »Ich will dich nicht, geh weg, du fühlst dich nicht gut an. Ich will nichts mit dir zu tun haben. Was geht mich deine Heulerei an? Ich will deine Geschichte nicht hören. Lass mich in Ruhe. Ich will Spaß haben, ich will glücklich sein.« Und du drehst dich um und lässt das weinende Mädchen dort stehen.

Das würde ich niemals tun.

Mit niemandem? So gehst du täglich mit dir um. Du ganz allein mit dir selbst, indem du deinen Keller verleugnest.

Soll ich mich etwa weinend und schreiend, wie ein kleines Kind verhalten?

Nein, gehe zurück zu dem Bild mit dem kleinen blonden Mädchen und frage dich, was dieses kleine Mädchen möchte?

Es möchte zuerst einmal in den Arm genommen werden, Wärme, Schutz und Anteilnahme empfinden. Und dann mag es erzählen, was ihm widerfahren ist. Es mag angehört werden.

Und dann?

Ja – hm! Es mag einfach mit dabei sein, bei allem, was ich erlebe. Das ist, glaube ich, schon alles.

Du kannst diesem Kind in dir die Welt erklären. Denn du bist groß. Nur diesem Anteil von dir ist es noch nicht gelungen, erwachsen zu werden. Weil er vernachlässigt wurde. Er schaut noch mit denselben Augen wie damals in die Welt. Doch du als Erwachsene hast inzwischen einen anderen Blickwinkel gewonnen. Du weißt, was du kannst, dass du viel Kraft hast, viele Erfahrungen gemacht hast, du bist gewachsen, emotional, physisch und psychisch und du kannst dem kleinen Mädchen in dir erklären, dass es auf dich zählen kann, dass du es in Zukunft beschützen wirst.

Ja, das hört sich aus deinem Mund auch alles relativ einfach an. Theoretisch. Aber in der Praxis kommt hinzu, dass ich die Gefühle, von denen das Mädchen in meiner Fantasie spricht, auch fühle. Das empfinde ich als unangenehm. Und ich frage mich: Muss das sein?

Emotionen und ihre Energiequalitäten

Du willst mit deinen Gefühlen auch aus dem Grund nichts zu tun haben, weil du sie in gute und schlechte einteilst. Dabei übersiehst du das Wichtigste. Allen gemeinsam ist ihr Ursprung: Sie sind alle entstanden aus der Linie, der neutralen Energie, die direkt aus dem »Einen« kommt. Erinnere dich an das Erklärungsmodell von vorhin. Jede Emotion hat zwar ihre eigene Form, aber alle entstehen aus der Linie, die wiederum direkt aus der Quelle kommt. Also enthält jedes Gefühl, ganz gleich ob als gut oder schlecht bewertet, auch die Herzensenergie.
Du kannst die Herzensenergie, die in den Emotionen gebunden ist, befreien. Somit hast du mehr Energie zur freien Verfügung und kannst selbst entscheiden, wofür du sie einsetzen willst. Überleg einmal, wie heftig Wut sich anfühlen kann und wie viel Energie demnach darin gespeichert ist. Alle starken oder lang anhaltenden Gefühle haben eine große Menge Herzensenergie gespeichert. Sie sind die besten Herzensenergie-Spender. Ist das eine gute Nachricht?
In Zukunft wirst du dich schon deshalb über intensive Emotionen freuen, weil du weißt, welch großes Geschenk sie mitbringen.

Das hört sich gut an. Nur – wie verwandle ich die Gefühle in Herzensenergie?

Fühle sie. Nimm sie in dein Herz, integriere sie. Wenn eine Emotion auftaucht, beispielsweise Trauer, dann fühle sie zuerst, beobachte sie. Wo fühlst du die Trauer in deinem Körper? Welche Form hat sie? Beschreibe sie in allen Details. Schenke deiner Trauer Aufmerk-

samkeit, ohne sie zu verändern oder weg haben zu wollen. Das ist entscheidend. Heiße sie willkommen. Sprich mit ihr. Du wirst spüren, wenn du ihr Raum lässt und nicht dagegen ankämpfst, dass sie sich verändern wird, ihre ursprüngliche Form aufgibt und Schritt für Schritt zur Herzensenergie wird. Das Erdgeschoß deines Hauses wird damit ausgebaut und der Keller verliert an Größe und Dunkelheit.

Und dann?

Dann geh weiter mit dem Mädchen an der Hand. Es wird wachsen, je intensiver du dich mit ihm beschäftigst. Bis es so alt ist, wie du jetzt bist.

Sind wir dann frei?

Ja, das seid ihr, weil ihr euch kennt und eins geworden seid.

Liebe Freunde, was sagt Ihr dazu? Wie steht es um Euren Keller? Wie sieht es dort aus? Oder zweifelt Ihr seine Existenz etwa an? Doch, auch Ihr habt einen, ganz sicher.
Was hättet Ihr zu dem Kind auf der Straße gesagt? Wie geht Ihr tagtäglich mit Euch um? Welche Gedanken schickt Ihr Euch den ganzen Tag? Worüber denkt Ihr nach? Ich kann es mir vorstellen: über Geld, den Job, über die Männer, über Frauen, über den nächsten Urlaub, die angestrebte Erleuchtung, die nächste Diät, Falten am Hals, Speck am Bauch und ob Ihr in Facebook gehen sollt oder nicht. Und dabei könnte es sein, dass Ihr Euch selbst aus den Augen verloren habt, Ihr Euch inzwischen mit Eurem Handy besser auskennt, als in Eurem Inneren. Und Ihr im Grunde nicht wisst, wer die Person ist, die Ihr jeden Morgen im Spiegel anseht.
Ja, Ihr habt Recht, es geht auch so weiter. Aber seid Ihr glücklich? Zufrieden? Aus Eurem tiefsten Inneren heraus?

Und fragt Ihr Euch jetzt wo Euer tiefstes Inneres eigentlich liegt und was ich damit meine?
Ich möchte Euch als Anregung einen kleinen Gesprächsausschnitt wiedergeben, der in meinem tiefsten Inneren stattgefunden hat. Keller und Dachboden haben sich eines schönen Tages zu einem Meinungsaustausch zusammengefunden:

Glaub nicht, dass ich gerne hier unten bin. Aber die Bauchschmerzen haben mich gezwungen. Da steckst du doch dahinter, oder? Warum tust du das?

Weil ich möchte, dass du mit mir redest und mir deine Aufmerksamkeit schenkst.

Du zwingst mich hierher. Geht das nicht anders?

Nein, Du reagierst nicht auf leisere Zeichen. Also habe ich zu folgendem Trick gegriffen: Ich habe gegen die Wände gehämmert und dir Bauchschmerzen beschert. Ich fand das war eine gute Idee, um auf mich aufmerksam zu machen.

Damit hast du mich nur wieder zum Tun animiert. Ich wollte die Bauchschmerzen nicht spüren.

Ja, aber ich habe an meiner Strategie festgehalten. Und wie du siehst, hat sie ihr Ziel erreicht. Du bist jetzt da.

Es ist nicht schön hier unten. Was machst du hier?

Ich warte auf dich.

Warum hier unten?

Ich habe mich hierher verkrochen, zum gleichen Zeitpunkt, als du dich auf den Dachboden geflüchtet hast. Wir sind beide weggelaufen, aber in unterschiedliche Richtungen. Du denkst, du hast mit mir nichts zu tun und willst frei sein, stimmt's?

Ja, das hast du gut erfasst.

Du bist aber nicht frei, weil du immer aktiv sein musst, um mich nicht zu spüren. Das nennst du Freiheit? Du gehst mir wirklich auf die Nerven mit deinem Freiheitsstreben und wie super du bist. In was denn zum Beispiel? Im Davonlaufen vielleicht? Oder im große Sprüche klopfen oder im Ach-ich-bin-ja-so-nett-Tun vor anderen. Da bist du hilfsbereit und engagiert. Nur für dein eigenes Haus hast du keine Aufmerksamkeit. Du hast doch noch nicht verstanden, worum es wirklich geht.

Aber du weißt das natürlich, hier unten in deiner Grotte, du Besserwisserin. Hast noch nichts gesehen von der Welt, wartest hier unten, gibst aber mit mahnend erhobenem Zeigefinger aus deiner Gruft weise Sprüche von dir. Wer bist du denn? Was weißt du schon vom Leben? Du bist doch vor vierzig Jahren stehengeblieben und seitdem wartest du darauf, dass dich einer aus deiner Grotte befreit, machst dabei durch Bauchschmerzen auf dich aufmerksam und bist überzeugt davon, das wäre die Heldentat des Jahrhunderts. Und kommst dir dabei besonders clever und weise vor. Du hättest deine Energie besser genutzt, indem du dich aus der Grotte herausbewegt hättest. Aber dazu fehlt dir der Mut. Es ist ja auch viel einfacher hier unten zu sitzen, anderen beim Leben zuzuschauen und weise Kommentare zum Besten zu geben. Die übrigens keiner hören will. Und dann noch zu Jammern: Du hast mich hier stehen lassen. Wenn du stehen kannst, dann weil du zwei Beine hast. Und wenn du zwei Beine hast, kannst du auch laufen und dich hier heraus bewegen. Aber gib es doch zu: du hast viel zu große Angst.

Dann müsstest du selbst aktiv werden und etwas auf die Beine zu stellen, vielleicht auch Fehler machen. Aber du konzentrierst dich lieber auf die Betrachtung vergangener Zeiten. Wartest darauf, hier unten abgeholt zu werden. Die Ereignisse sind schon lange vorbei, doch du schaust sie immer noch an, anstatt die Zeit zu nutzen, um neue Erfahrungen zu machen. Und so eine wohnt in meinem Haus.

Wohnt in deinem Haus? Du hast doch gar keine Ahnung von diesem Haus. Du bist doch ein Flüchtender, der nur ab und zu mal hereinschneit, damit die Bude nicht ganz zusammenfällt und einer, der Jahre braucht, um zu spüren, dass es noch andere Mitbewohner gibt. Erzähl mir nicht, dies sei dein Haus.

Deins ist es aber sicher auch nicht. Da du außer den Kellerwänden noch nichts anderes davon gesehen hast. Ich würde ja sagen du Verblendete, aber bei dem bisschen Licht hier unten, muss ich wohl eher sagen: Du Schwarzseherin.

Dann bist du wohl der Verblendete von uns beiden, in deinem sonnendurchfluteten Dachboden. Du solltest dich besser ab und zu ins Dunkle zurückziehen, um dich zu fühlen, anstatt dir im Antlitz der Sonne einzubilden, du wärst es, der so strahlt. Strahlst du hier unten auch noch? Nichts zu sehen von deinem Licht. Alles nur eingebildet und vorgestellt, aber nicht tatsächlich vorhanden. Du träumst doch! Nur, wenn du in deiner Vorstellung über dich nachdenkst, über all die Dinge, die du noch nicht bist, dann findest du dich ganz toll. Aber das ist alles nur Fantasie, die nichts mit der Realität zu tun hat.

Na, da hätten wir dann doch etwas gemeinsam: du bildest dir doch heute noch ein, du wärst erst neun oder zehn und hast dabei ganz übersehen, wie die Zeit vergangen ist. Die Zeit, über die du nachdenkst, gibt es schon über vierzig Jahre nicht mehr. So sieht es mit deinen Vorstellungen aus. Du bist doch im Ganzen gesehen Schnee von gestern, du Grottenlilly.

Und du ignorierst alles, was damals geschah, du Hansguck-in-die-Luft- und-nie-in-den-Keller.

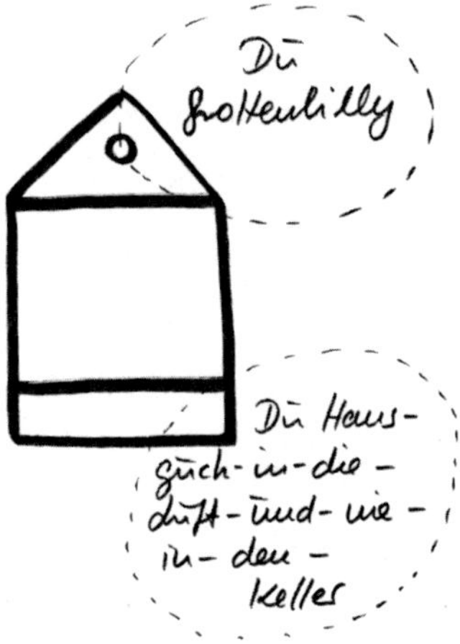

So ging das Gespräch vonstatten, liebe Freunde. Was werft Ihr Euch vor? Was würde Eure Grottenlilly sagen und Euer Hans-guck-in-die-Luft-und-nie-in-den-Keller? Oder andere Bewohner in Eurem Haus? Lauscht ihrem Gespräch, wer stiftet den Unfrieden in Euch? Es sind keine leeren Worte wenn es heißt, der Frieden beginnt in uns. Was glaubt Ihr, was geschieht, wenn Ihr jetzt einer Person begegnet, die die eine oder andere Eigenschaft von Grottenlilly oder Hansguck-in-die-Luft-und-nie-in-den-Keller hat? Die Antwort ist einfach: man wird beginnen, mit jenem zu streiten, stellvertretend für die innere Auseinandersetzung. So entstehen Kriege. Im Inneren wie im Äußeren. Es ist immer das gleiche Prinzip: Jeder will Recht haben. Und wenn Ihr Euch das Gespräch zwischen Grottenlilly und Hans-guck-in-die-Luft-und-nie-in-den-Keller anschaut, dann haben doch

beide aus ihrer Sicht Recht. Nur wer gewinnt? Und wie kann Frieden entstehen?

Meine innere Stimme erzählte mir folgendes dazu:

Weißt du, was solche inneren Kämpfe und Auseinandersetzungen wirklich schwierig macht? Dass du glaubst, du müsstest dich für einen von den beiden entscheiden. Getreu dem Motto: Es kann nur einen geben. Wenn einer Recht hat, folgt daraus, der andere hat Unrecht. Der, der dann unterliegt, wird versuchen, seine Position zu verbessern und alles daran setzen, auch Recht zu bekommen. Das heißt, der innere Kampf geht ewig so weiter.

Und was ist die Lösung? Wie entsteht Frieden?

Das »Eine«, die Herzensenergie, gibt Raum für alles

Nehmen wir einmal an Grottenlilly und Hans-guck-in-die-Luft-und-nie-in-den-Keller sind die beiden Enden eine Stockes.

Ganz gleich, auf welcher Position des Stockes du dich auch befindest, du kannst immer nur einen von den Beiden sehen und wahrnehmen. Du musst dich entscheiden, ob du nach rechts schaust zu Grottenlilly oder nach links zu Hans-guck-in-die-Luft-und-nie-in-den-Keller. Das erweckt in dir den Eindruck, du müsstest dich entscheiden, für den einen oder den anderen.

Wenn du allerdings einen Schritt zurücktrittst, deine Position auf gleicher Ebene verlässt, kannst du beide gleichzeitig wahrnehmen und erkennen, dass du dich nicht entscheiden musst. Es kann beide gleichzeitig geben und sie gehören zusammen, da sie die beiden Enden eines Stockes sind. Auf der Position, die es dir ermöglicht, den gesamten Stock gleichzeitig zu sehen, bist du in einer beobachtenden und somit neutralen Position. Du befindest dich damit im »Einen«. Von dort aus bist du für beide offen. Du gibst beiden Meinungen Raum und damit entsteht automatisch die Chance für etwas Drittes - das Neue, das aus den beiden heraus entsteht. Sie bilden die Basis dafür und sind damit in dem Neuen enthalten. Somit gibt es kein »Ich oder du«, kein, »so oder so« es gibt ein »dies

und das wird zu jenem«. Du musst dabei nicht wissen, wie dieses Dritte und die Lösung aussieht. Sie wird entstehen und du wirst sie einfach erleben, indem du Raum gibst.

Und wie gebe ich Raum?

Indem du mit dem Herzen schaust, redest und handelst, aus dieser alles bejahenden, annehmenden Position heraus.

Dann sieht alles wieder gleich viel weicher aus?

Ja, genau. Du erinnerst dich also an das, was wir darüber schon gesagt haben?

Ja klar. Mit dem Herzen dabei zu sein heißt, allem Raum zu geben, allem in mir: Grottenlilly und Hans-guck-in-die-Luft-und-nie-in-den-Keller. Sie gehören beide zu mir.

Das innere Team

Ja exakt und viele andere Aspekte auch noch, die du in dir trägst. Dein Herz ist ein gigantischer Versammlungsort und im Idealfall sind die Türen dort für jeden geöffnet. Es ist der Mittelpunkt deines Körpers.

Und was mache ich mit all meinen Aspekten?

Du nimmst sie wahr und entscheidest dich dann, wohin du gehen magst oder was du tun möchtest.

Ich habe aber oft das Gefühl, ich kann mich gar nicht frei entscheiden.

Doch das kannst du.

Auch wenn ich mich jetzt entscheide, ganz reich sein zu wollen?

Ja dafür kannst du dich entscheiden. Was wärst du bereit, dafür zu tun?

Muss ich dafür etwas tun?

Ja, die meisten tun etwas dafür. Geld ist ein Tauschmittel. Was könntest du dafür tauschen?

Keine Ahnung.

Du willst es einfach nur haben?

Genau.

Was würdest du zu mir sagen, wenn ich dir erzähle, Olympiasieger werden zu wollen, aber keine Lust zum

Training habe?

Vergiss es, würde ich dir sagen.

Dann muss ich deine Idee, Geld einfach nur haben zu wollen, ohne etwas dafür zu tun, nicht mehr kommentieren, oder?

Nein, brauchst du nicht. Ich habe verstanden.
Wobei – Geld kann man gewinnen.

Der Seelenplan – Teil 1

Ja, das nennt man dann Glück. Das ist aber nichts, womit du fest kalkulieren kannst. Sonst wäre es kein Glück. Glück kann man nicht einfach so bestellen. Es ist das Wesen von Glück, nicht berechenbar zu sein. Aber du kannst dich bei deinen Vorhaben auf die Unterstützung des »Einen« verlassen. Wenn zu erkennen ist, wohin du willst und vorausgesetzt deine Vorhaben stehen mit deinem Seelenplan in Einklang.

Was ist ein Seelenplan?

Der Grund, warum deine Seele hier ist. Sie möchte gewisse Erfahrungen machen.

Na prima. Da hat ein Plan Einfluss auf mein Leben, den ich nicht kenne. Und wie soll ich ihn in meinen Planungen berücksichtigen?

Du brauchst ihn nicht zu berücksichtigen.

Woran merke ich, ob meine Pläne mit dem Seelenplan übereinstimmen?

Daran, dass sie sich relativ leicht verwirklichen lassen. Wenn du das Gefühl hast, dass sich dir tausend Schwierigkeiten in den Weg stellen, obwohl du dein Bestes gibst, dann ist dein Plan wahrscheinlich nicht mit deinem Seelenplan in Einklang oder es ist noch nicht die Zeit dafür. Das könnte auch sein.

Da tauchen jetzt doch einige Fragzeichen in mir auf. Wie gehe ich dann am besten vor?

Ganz einfach, du setzt deine Ideen um. Während du das tust wirst du spüren, vorausgesetzt du gibst deinen Gefühlen Raum, ob das, was dein Plan war, sich immer noch gut anfühlt, während du ihn umsetzt. Vielleicht merkst du nach einiger Zeit, dass es das gar nicht ist, was du wirklich möchtest und du wirst deinen Ursprungsplan verändern, um ihn deinen neuen Erfahrungen anzupassen. Oder es zeigt sich, dass die Realisation schwierig ist, dann änderst du dein Vorhaben eventuell. Es gibt zu jedem Zeitpunkt unendlich viele Möglichkeiten für dich.

Ich möchte aber lieber schon zu Beginn wissen, ob ich mit meinem Plan Erfolg haben werde.

Leben nach Rezept oder jeden Moment neu entscheiden

Ja, du willst gleich zu Anfang alles wissen: wie es ausgeht, ob es sich lohnt und vor allem willst du zwischendurch nicht fühlen, keinen inneren Dialog mit dir haben und danach neu entscheiden. Was du möchtest ist ein Rezept. Nimm dies, tu das und es entsteht jenes Resultat. Auf gar keinen Fall willst du zwischendurch nachspüren, schmecken, was dieses Gericht noch braucht. Nein, du willst wissen, was zu tun ist und dann basta. Das ist ein eintöniges Leben. So geht ein Roboter vor, der auf ein bestimmtes Vorgehen programmiert ist und dieses dann einfach abspult. Solche stereotypen Herangehensweisen gibt es einige in deinem Leben. Alte Programme laufen immer und immer wieder ab. Und das Interessante daran: Du verhältst dich immer gleich, hoffst aber gleichzeitig auf ein anderes Ergebnis. Ist das nicht verrückt?
Nachdem du dann viele Male die gleiche Situation erlebt hast, meinst du, es wäre an der Zeit, das alte Programm gegen ein neues auszutauschen, um in Zukunft ein besseres Ergebnis zu erzielen. Du bist noch gar nicht auf die Idee gekommen, dass ein Programm zu haben an sich das Problem ist. Das Leben lässt sich nicht in ein Schema pressen. Es will immer wieder neu gefühlt werden. Im Grunde ist es ganz einfach. Jede Situation ist anders. Nichts wiederholt sich absolut identisch. Außer deinen Programmen.

Moment mal. Willst du mir nicht auch ein Programm verkaufen, wenn du mir zum Beispiel sagst, wie ich mit Gefühlen umzugehen habe? Du weißt schon, das Bild mit der anderen Straßenseite und dass ich mich nicht verwickeln lassen soll. Ist das etwa kein Programm?

Nicht ganz. Ein Programm ist vor allem durch ein Nicht-anders-machen-können gekennzeichnet. Und du hast die Wahl, ob du meinen Anregungen folgst oder nicht. Von daher ist es kein Programm, eher eine Empfehlung. Auch wenn diese eine konkrete Vorgehensweise präferiert, was in dir den Eindruck erweckt, keine Wahl zu haben. Aber du kannst dich jederzeit gegen meine Anregung entscheiden, wohingegen deine Programme automatisch ablaufen.
Ich habe ein schönes Beispiel für dich:

Du gehst um eine Straßenecke und wirst dort von einem Hund gebissen. Das nächste Mal, als du an der Straßenecke vorbeikommst, denkst du, der Hund war das letzte Mal wahrscheinlich nur zufällig da. Jetzt bin ich sicher. Du läufst um die Ecke und wer hätte das gedacht: ja er ist wieder da und beißt dich in den Arm. Okay, denkst du, das ist keine gute Ecke. Die Bisswunde schmerzt. Es dauert eine Zeit bis sie wieder geheilt ist. Du wirst neugierig. Ob der Hund immer noch da ist? Der Vorfall mit ihm liegt ja nun schon eine ganze Weile zurück. Du gehst erneut um die Ecke und er beißt dich wieder in den Arm. So ein gefährlicher Hund, denkst du, regst dich über ihn auf, beschimpfst ihn tagelang im Geiste, fragst dich, warum keiner auf ihn aufpasst.
Es vergeht wieder Zeit. Dein Schmerz hat nachgelassen und wieder führt dich dein Weg an jener Ecke vorbei. »Dieses Mal bin ich ganz schlau«, denkst du, und streifst dir ein dickes Polster über den Arm. Ich habe ja gelernt aus der Vergangenheit. Du gehst um die Ecke, triumphierend lächelnd und siegesgewiss. Da ist er wieder, der Hund. Dir werde ich es zeigen, denkst du und hast den Satz noch nicht zu Ende gedacht, als er dich ins Bein beißt.
Du bist außer dir vor Wut über diesen Bastard, wie du ihn inzwischen schon nennst und suchst fieberhaft

nach einem Weg ihn zu besiegen, um doch noch unverletzt an dieser Ecke vorbeizukommen … so kann die Geschichte bis in alle Ewigkeit weitergehen.

Aber so dumm verhält sich doch kein normaler Mensch. Und ich schon gar nicht.

Hm, verstehe. Du denkst, das ist kein gutes Beispiel, weil du viel zu intelligent bist, um dich so zu verhalten?

Ja, das meine ich.

Dann erkläre mir doch bitte, was mein Beispiel von deinem Umgang mit Schokolade unterscheidet. Du isst sie immer wieder, obwohl du ganz genau weißt, dass dir davon schlecht wird. Um dies zu vermeiden, bist schon auf die glorreiche Idee gekommen, die Schokolade zusammen mit Haferbrei zu essen, in der Hoffnung, dass dein Körper die Schokolade so nicht erkennt und nicht mit Übelkeit auf sie reagiert. Der Haferbrei entspricht dann so ungefähr dem Armpolster in meinem Beispiel. Beides hat nicht funktioniert, wie du dich entsinnen kannst.

Du meinst, das ist das Gleiche?

Wenn du einen Moment länger darüber nachdenkst, wirst du zu demselben Schluss kommen …

Was soll ich sagen? Ich bin sprachlos.

Von Schokolade wird dir schlecht. Das ist die Tatsache. Diese Erfahrung hast du mehr als einmal gemacht. Du verhältst dich also immer gleich, möchtest aber ein anderes Ergebnis. Deine Hoffnung ist ein neues Programm, das dir zeigt, wie du mit dem Hund

besser umgehen kannst, damit du unverletzt um die Ecke kommst. Dabei geht es nicht um die Art, wie du um diese Ecke läufst. Sondern vielmehr, dass du überhaupt dort entlang läufst. Und der Rat, den ich dir gebe ist: geh einfach nicht mehr dort entlang. Iss einfach keine Schokolade mehr. Lass es sein. Das wäre der Lerneffekt. Du hast bislang nicht wirklich akzeptiert und gelernt, du wolltest nur verändern: entweder dich oder den Hund.
Dabei war die Lehre von wahrhaft simpler Struktur: Ecke – Hund – Biss. Genauso wie es mit der Schokolade ist: Schokolade – lecker – Bauchweh. Das ist die Regel, die du nicht annehmen willst. Und der du dich mit allen möglichen Begründungen und Fantasien zu entziehen versuchst.

Die Programme

Dann stellen sich mir jetzt drei Fragen:

1. Wie entstehen diese Programme?
2. Warum halte ich an ihnen fest?
3. Woran erkenne ich sie?

Beginnen wir mit der ersten Frage: Programme entstehen, indem du auf eine stressige Situation mit einem Verhalten reagierst, dass dir in dem Moment hilft. Du kannst dich dadurch zum Beispiel schützen, die Situation meistern oder auch einfach nur aushalten. Verschiedenste Reaktionsmöglichkeiten hast du so im Laufe deiner Kindheit erlernt. Damals erlernt, laufen sie später meist ganz unbewusst ab. Und – sie setzen sich aus dem Repertoire zusammen, dass dir in deinem damaligen Alter zur Verfügung stand. Da deine Reaktion zu einem positiven Ergebnis für dich führte, wird sie in deinem Verstand als wertvolles Werkzeug abgespeichert und bei wiederkehrenden Umständen als Handlungsmöglichkeit abgerufen.

Je öfter du mit dem gleichen Verhalten positive Erfahrungen gemacht hast, umso wertvoller wird dieses Programm eingestuft. Doch was im Laufe der Zeit unberücksichtigt bleibt: Du bist inzwischen erwachsen geworden und dein Handlungsspielraum hat sich immens erweitert, womit dir theoretisch auch neue, adäquatere Reaktionsweisen möglich wären, die zu einem befriedigenderen Ergebnis für alle Beteiligten führen könnten.

Doch die Programme spulen sich weiterhin ab. Was früher zu deinem Schutz geschah, hindert dich heute daran, den nächsten Schritt in deiner Entwicklung zu tun.

Die Platte hat einen Kratzer und hängt an einer Stelle fest. Ein Grund dafür könnte sein, dass die Ur-

sprungssituation, in der die Reaktion entstanden ist, noch nicht ganz angenommen wurde.

Kannst du das bitte genauer erklären?

Dein Verhalten ist aus dem Bedürfnis heraus entstanden, dich zu schützen. Und jetzt ist die Frage: wovor? Schützte es dich zum Beispiel vor einem Gefühl, dann geht es jetzt darum, dieses anzunehmen und in dein Leben zu integrieren. Hat es dich vor einer Person geschützt, dann gibt es vielleicht im Hier und Jetzt eine andere Möglichkeit, als wegzulaufen, um dich zu schützen. Du könntest zum Beispiel auch verbal deine Grenzen aufzeigen und so für deinen Schutz sorgen. Ein Aspekt aus der vergangenen Situation erwartet noch deine Aufmerksamkeit. Um diesen zu finden, musst du deine Programme erst einmal erkennen. Das ist der erste und auch wesentlichste Schritt. Dann zolle diesem Programm Anerkennung für die guten Dienste, die es dir geleistet hat. Nachdem dies geschehen ist, kann es sich auflösen. Denn nicht nur du hältst an dem Verhaltensmuster fest, sondern das Muster auch an dir.

Und nun zu deiner zweiten Frage, warum du an den Programmen festhältst. Dafür gibt es verschiedene Gründe. Einer davon ist: Sie sind dir nicht bewusst. Was dir allerdings schon aufgefallen ist: Gewisse Situationen in deinem Leben wiederholen sich. Und das ist ein sicheres Zeichen für die Existenz eines Musters. Ein weiterer Grund für sein Fortbestehen: Das Programm bedeutet Sicherheit, auch wenn das Ergebnis nicht zufriedenstellend ist. Es ist vertraut. Und ein weiterer sehr wesentlicher Grund ist: Du hörst nicht auf mich, deine innere Stimme. Ich gebe dir ja schon sehr oft im Voraus zu verstehen: das fühlt sich nicht gut an, lass es sein oder mach es so oder so. Aber du hörst nicht auf mich.

Warum höre ich nicht auf dich? Ich kenne diese Situationen genau und nehme auch alles wahr, was du dann zu mir sagst. Aber ich kann dem nicht folgen. Warum ist das so?

Die innere Stimme und das Autoritätsproblem

Ich bezeichne das mal mit dem Oberbegriff Autoritätsproblem. Darunter vereinigen sich mehrere Ansätze, die sich gegenseitig unterstützen: Das ist zum einen die Weigerung, Regeln anzuerkennen, um frei zu sein. Schau dir an, welche Erfahrung du gemacht hast, als dein Haus zum Schwanken gebracht wurde. In dem Moment wurden deine Grenzen überschritten und du hast zur gleichen Zeit eine Grenze überschritten, indem du dein Haus verlassen hast. Die Lehre, die du aus der Situation gezogen hast war: Überschreite deine Grenze und du bist in Sicherheit. Für die damalige Situation war das eine gute Lösung. Es war die Beste, um dich vor der Intensität deiner Gefühle, die dich geängstigt haben, in Sicherheit zu bringen. Da diese Reaktion ein gutes Ergebnis für dich brachte, hast du dieses Verhaltensmuster auf viele andere Situationen übertragen, bei denen eine Grenzüberschreitung aber nicht zur Sicherheit führte, vielmehr dazu, dass du dich nicht gut gefühlt hast. Wie zum Beispiel beim Schokolade essen. Davon wird dir übel. Du hast es inzwischen oft genug probiert, um das Ergebnis zu kennen. Doch du magst die Konsequenz nicht akzeptieren. Warum?

Weil Schokolade so fantastisch gut schmeckt und weil ich frei sein will. Ich will tun und lassen, was ich will.

Du meinst also du bist frei. Besitzt du die Freiheit, die Regel anzuerkennen? Wäre dir das möglich?

Wenn ich das wollte.

Glaubst du das oder weißt du das?

Ich glaube das.

Hast du sie denn schon einmal für eine längere Zeit befolgt?

Nein. Aber ich könnte, wenn ich wollte.

Dann tu es. Du kannst nur das wissen, was du tust, weil du es erfahren hast. Alles andere sind Annahmen oder Vorstellungen. Wie kommst du nur darauf, frei zu sein? Du kommst mir vor wie jemand, der über Hürden springt und gleichzeitig steif und fest behauptet, es gäbe keine. Nur, warum verrenkst du dich dann so beim Laufen und hebst die Beine, um über die Hürden hinweg zu kommen, wenn es doch angeblich keine gibt? Du überschreitest Grenzen und meinst dir damit zu beweisen, dass es keine für dich gibt. Und ignorierst dabei geflissentlich die Folgen deines Tuns, damit dein Glauben weiter Bestand hat. Ist dir bewusst, dass Grenzen oder Regeln anzuerkennen eine große Sicherheit bringen kann? Sie sagen dir exakt was geschieht, wenn du dies oder jenes tust. Das hast du doch vorhin als erstrebenswerte Sicherheit bezeichnet, wenn du vorher weißt, was geschieht. Grenzen, Regeln sind Bestandteile des Lebens. Zu viele davon engen ein, keine Frage, aber keine anzuerkennen, engt ebenfalls ein: Du zwingst dich zum Überschreiten. Du hast keine Wahl, wenn du aus einer alten Denkgewohnheit heraus meinst, Grenzen engen dich prinzipiell ein. Erkenne sie zunächst einmal an. Dann gibt es natürlich sehr wohl Situationen, in denen es überaus sinnvoll sein kann, Grenzen zu überschreiten. Das kommt also ganz darauf an. Du merkst, es ist notwendig immer sehr präsent zu sein, um wahrnehmen zu können, welche Aktion das Hier und

Jetzt erfordert. Nur, wenn man mit einer enormen (Flucht-) Geschwindigkeit im Leben unterwegs ist, kann man die Nuancen nicht wahrnehmen und dementsprechend agieren. Fluchtgeschwindigkeit, sagt dir doch etwas, oder?

Sehr witzig!

Weißt du, ein rasantes Tempo hat durchaus seine Vorteile. Der Wind kühlt und du bewegst dich viel – das ist gesund. Aber – es bewirkt auch, dass dir wesentliche Details entgehen.

Wirst du langsamer, dann bilden sich aus dem Diffusen gut erkennbare Bilder heraus. Das gilt für Gegenstände übrigens genauso wie für Gefühle.

Du siehst, es lohnt sich, einen Gang oder auch zwei herauszunehmen. Die Welt zeigt dir dann ein ganz neues Gesicht.

Es gibt übrigens nicht nur Verhaltensmuster, sondern auch Gedankenmuster. Sie entstehen aus den Schlussfolgerungen, die wir aus den Geschehnissen ziehen. So ein Gedanke könnte zum Beispiel sein: Autoritäten sind nicht gut für mich, sie wollen nicht mein Bestes. Und so beschließt man, auf niemanden mehr zu hören. Auch nicht auf die innere Stimme, die man als Autorität und damit auch als nicht vertrauenswürdig empfindet.

Und jetzt zu deiner dritten Frage: wie du ein Programm erkennst. Du erkennst es in erster Linie daran, dass es dir keine Wahl bezüglich deines Verhaltens lässt. Mag sein, du denkst sogar über Varianten nach, aber letzten Endes zählt deine Tat. Und wenn du nach langen Überlegungen doch wieder zu der gleichen Reaktion zurückkommst, dann ist das ein Programm. Die Wahl haben heißt, differenziert und unterschiedlich je nach Situation zu handeln und somit frei zu sein.

Wenn so ein Programm abläuft und ich erkenne es, habe ich manchmal das Gefühl, ich bin das gar nicht, die sich so verhält oder auch, dass es einfach so über mich kommt und ich gar nichts dagegen tun kann.

Diese Einschätzung entsteht oft durch Erlebnisse in der Kindheit. Damals warst du klein und was andere taten, kam einfach so über dich. Heute existieren immer noch kindlich gebliebene Anteile in dir, wir hatten schon von ihnen gesprochen. Du hast sie bislang verbannt und wolltest sie nicht kennenlernen. Sie sind immer noch auf der Suche nach Erlösung. Deswegen kommen sie manchmal über dich und führen sich auf, als ob sie nicht zu dir gehören. Und das tun sie im

Grunde auch nicht, da du sie nicht anerkennst. All das: das Verbannen, das Verleugnen wie auch das Über-Dich-kommen bist du ganz alleine. Es ist eine One-Woman-Show, in der du die verschiedenen Rollen einnimmst. Und du allein bist die Handelnde. Es ist deine Hand, die zugreift, es sind deine Füße, die laufen, es ist dein Mund, der spricht.

Ja, mein Verstand weiß das, aber mein Bauch empfindet das anders.

Dein Bauch ist oft noch in vergangenen Situationen gefangen, dort wohnt Grottenlilly, erinnere dich, sie wartet auf Erlösung, darauf, angehört und angenommen zu werden, damit sie endlich erwachsen werden kann.

Grottenlilly ist aber nicht die einzige, die Aufmerksamkeit von mir möchte. Hans-guck-in-die-Luft-und-nie-in-den-Keller auch.

Ja das stimmt, du bist Viele. Deswegen ist es von großer Bedeutung, eine gute Dirigentin zu sein.

Was hat das zu bedeuten?

Die Dirigentin

Wenn du eine gute Dirigentin bist, lässt du dir von keinem Musiker auf der Nase herumtanzen. Vielmehr bewirkst du ein Zusammenspiel aller zu einer wundervollen Melodie. Das zeichnet eine gute Dirigentin aus.

Und wie werde ich eine gute Dirigentin?

Zunächst einmal durch den tiefen Wunsch eine sein zu wollen. Und dann, indem du dir die Aufgaben einer Dirigentin klar machst.

Die wären?

Du bestimmst das Stück, das gespielt wird, wie es gespielt wird und wer wann zum Einsatz kommt. Du hast das Ganze im Blick, die Melodie und achtest darauf, dass niemand das Stück durch ein Solo zerstört. Du nimmst alle Mitglieder des Orchesters wahr und alle richten ihre Aufmerksamkeit auf dich. Sie wissen, dass du den Takt vorgibst und haben dich als Dirigentin akzeptiert.

Für eine schöne Melodie sollte die Dirigentin doch alle Mitglieder unter einen Hut bringen können? Ich habe aber mindestens zwei sehr starke Solisten unter meinen Musikern, die ich nicht so leicht zum mitspielen bewegen kann. Ich habe daher nicht den Eindruck, die Dirigentin in meinem Haus zu sein.

Wer sind diese Solisten?

Na wer schon? Grottenlilly und Hans-guck-in-die Luft-und-nie-in-den-Keller. Ihr ewiger Streit übertönt so viele schöne Melodien.

Hast du eine Idee, wie du damit umgehen kannst?

Indem ich mit ihnen spreche und beide an die Hand nehme, ihnen Aufmerksamkeit schenke und … und … und …

Na siehst du, du weißt es doch.

Auf diesen Babysitter-Job habe ich aber überhaupt keine Lust.

Weißt du, es interessiert nicht wirklich, ob du Lust dazu hast. Wenn du ein gutes Ergebnis möchtest, weißt du was zu tun ist. Du hast die Wahl. Wer seine Zähne nicht putzt, verliert sie. Ob du dann Lust hattest zum Zähneputzen oder nicht, hat keinen Einfluss auf das Ergebnis. Die Regel pfeift auf deine Lust. Auch deine Lust ist ein Mitglied im Orchester. Und sie allein soll das Ergebnis bestimmen? Hey – du bist die Dirigentin.

Wer's glaubt …

Du bestellst, was du denkst und glaubst

Ja, wenn du es schon nicht glaubst, wird es auch kein anderer tun. Verabschiede dich doch endlich von der, die dir weismachen will, nicht gut genug und zu schwach zu sein.
Hier kommt eine kleine Geschichte für dich:
Eine Frau geht ins Kino und landet in einem Drama: es wird geschossen, geliebt, getötet, geweint und Intrigen werden gesponnen. Sie stellt fest, dass ihr der Film nicht zusagt. Und mehr noch. Sie fängt an, sich über diesen Film aufzuregen, indem sie jedem erzählt, wie furchtbar sie ihn fand. Während sie sich so über den Film aufregt, merkt sie gar nicht, wie sie in ein anderes Kino hineinläuft. Als sie bei der Kassiererin vorbeikommt, hört diese gerade noch das Wort »Drama« und gibt ihr daraufhin das Ticket für einen neuen dramatischen Film, der gerade angelaufen ist. Die Frau ist entsetzt. Schon wieder ein Drama. Wie konnte das geschehen? Sie wollte doch eigentlich in einen Liebesfilm gehen. Wie war sie an diese Karte gekommen? Wieder regt sie sich sehr über den Film auf. Beschreibt ihn in allen Einzelheiten und wiederholt immer wieder: Was für ein Drama. Als sie ein drittes Mal ins Kino geht, schnappt die Kassiererin wiederum das Wort Drama auf und gibt ihr prompt, was sie gewünscht hat. Und wieder kommt sie völlig enttäuscht aus dem Kino und seufzt: Was für ein Drama.
Du bekommst, was du bestellst und du bestellst durch das, was du denkst und sagst.

Was ist das denn jetzt für eine Theorie?

Wieso Theorie? Das ist die Praxis.

Okay, dann ist das meinetwegen die Praxis und was genau meinst du damit?

Was kann ich damit schon meinen? Der kurze und überaus einfach formulierte Satz sagt doch alles: Du bestellst, was du denkst und sagst.

Das kann doch nicht so simpel sein. Gibt es dazu keine Erläuterungen, Einschränkungen, Ausführungen was auch immer? Der Satz klingt so banal.

Ja, das mag sein. Viele große Erkenntnisse sind banal. Ihre Umsetzung ist es allerdings meist weniger.

Okay, das habe ich verstanden. Können wir noch ein wenig über den Satz reden? Auch wenn er so banal ist, dass ich ihn selbstverständlich verstehe, rein sprachlich gesehen, weiß ich nicht, ob ich den Inhalt voll erfasst habe. Bitte hilf mir und erzähl mir noch mehr dazu.

Fangen wir mit dem ersten Teil des Satzes an: mit dem, was du denkst.
Es gibt jemanden in dir, seinen Namen werde ich dir später verraten, der dein gesamtes Leben aufzeichnet. Eine seiner Hauptbeschäftigungen ist das Sammeln und die Interpretation von allem, was du erlebst. Das Ergebnis ist ein riesiges Archiv, das er akribisch verwaltet. Das ist seine Aufgabe. Bei jedem Ereignis im Hier und Jetzt, durchsucht er sofort sein Archiv nach ähnlichen, bereits erlebten Situationen und erzählt dir dann die alte Interpretation zum neuen Erlebnis, da er nur die Vergangenheit kennt. Man nennt ihn Verstand.
Da er ständig frühere Sichtweisen zum Besten gibt, fühlst du dich in den neuen Gegebenheiten oft ähnlich, wie du dich in vergangenen Situationen gefühlt hast. Denn die Gefühle folgen den Gedanken. Im

Klartext heißt das: Hast du zum Beispiel damals Angst gehabt, fühlst du sie jetzt auch wieder. Und das, was du fühlst, sendest du aus. Das ist deine Bestellung. So ist das, was dir dein Verstand erzählt, maßgeblich an deiner Bestellung beteiligt. Oder noch direkter: Es ist deine Bestellung. Und dann bist du erstaunt darüber, wie sich die Geschehnisse ähneln. Doch wenn du dir immer wieder die gleichen Geschichten erzählst, ist das kein Wunder.

Die alten Geschichten und ihre Interpretationen trennen dich von dem, was wirklich ist. Sie fallen wie ein Vorhang vor die Wirklichkeit und lassen dich das, was »ist«, nicht erkennen.

Was ist die Wirklichkeit?

Die Wirklichkeit und deine Interpretationen

Ein Beispiel: Dein Partner ruft dich nicht wie versprochen an. Das ist die Tatsache und damit Wirklichkeit. Hast du in deiner Vergangenheit erlebt, nicht angerufen worden zu sein, weil dein damaliger Partner öfter mit anderen Frauen unterwegs war, wird dir dein Verstand zur aktuellen Tatsache, dass dein Partner dich nicht anruft, wieder die alte Geschichte auftischen: Er ist bestimmt mit einer anderen Frau unterwegs, er betrügt dich, er ist ein Lügner. Diese Gedanken machen dich ärgerlich und auch ängstlich und wenn dein Partner dann endlich anruft, bist du merklich reserviert und verhältst dich ihm gegenüber vorwurfsvoll, was wiederum eine ärgerliche Reaktion bei ihm hervorruft.

Bevor du erfahren konntest, welche Gründe es für seinen ausgebliebenen Anruf wirklich gab, warst du schon durch das Eintauchen in die alte Geschichte in einer Gefühlswelt, die dir gar nicht mehr ermöglichte, dem, was dein Partner zu sagen hatte, mit einer unvoreingenommenen Wahrnehmung zu begegnen. Misstrauisch folgst du seinen Erklärungen, angestrengt lauschend auf jeden vermeintlichen Unterton, um eine Bestätigung für deine Befürchtungen zu finden. Die Tatsache, keinen Anruf erhalten zu haben, erinnerte dich an die Gefühle eines vergangenen Erlebnisses, die du auf die aktuelle Situation übertragen hast. Damit hast du das Hier und Jetzt so interpretiert, wie du die Vergangenheit erlebt hast.
Eine andere Frau, die schon einmal die Erfahrung gemacht hatte, dass ein Partner, der nicht wie versprochen anrief, stattdessen mit einer Riesenüberraschung

vor der Tür stand, würde die Tatsache, nicht angerufen zu werden, eher in eine freudige Stimmung versetzen.
Doch beides sind letzten Endes Interpretationen. Dein Partner ruft nicht an. Punkt. Das ist die Tatsache. Erst durch deine Interpretation erschaffst du deine eigene Wirklichkeit, die Welt in der du lebst. Und du veränderst sie nicht nur, du teilst sie auch ein in gut und schlecht.
Du bewertest und teilst damit das, was geschieht, in zwei Kategorien ein: Das eine willst du nicht, weil du es als schlecht befunden hast, du versuchst es wegzuschieben und das andere, das Gute, willst du so gut es geht festhalten, weil du es magst.
Was auf einer tieferen Ebene dabei geschieht ist folgendes: Durch dein ur-teilen, wird das »Ur«, das »Eine«, geteilt. Du klammerst das eine aus und hältst an dem anderen fest, damit entsteht in dir ein Gefühl des Mangels, da das »Eine« in dir nicht mehr komplett ist. Dazu kommen wir später noch einmal. Bleiben wir zunächst bei deinen Gedanken und wie sie Einfluss auf deine Bestellung haben.

Ja, das mit den alten Geschichten verstehe ich jetzt. Indem ich mir also die alten Geschichten erzähle, bestelle ich sie mir immer wieder neu.

Genauso ist es.

Wie du über andere denkst und was das mit dir zu tun hat

Haben alle meine Gedanken Einfluss auf mein Leben, auch solche, die ich über andere Menschen denke?

Alles, was du über Partner, Chefs, Freundinnen, Politiker, Nachbarn usw. denkst, hat sehr viel mit dir zu tun. Du kannst nichts denken oder sehen, was du selbst nicht kennst. Und du kennst nur das, was du schon selbst erlebt oder an dir wahrgenommen hast. Also kannst du dir sicher sein: Was du an einer anderen Person wahrnimmst, ist auch ein Aspekt von dir. Es können Eigenschaften sein, die du gerne hättest oder solche, die du an dir selbst ablehnst. Ganz gleich, wie du es auch drehst und wendest, es hat immer mit dir zu tun, schlussendlich sind es deine Gedanken. Und deine Gedanken formen deine Gefühle.
Ein Beispiel:
Du regst dich den ganzen Tag über einen Kollegen auf, der dir in einem Meeting über den Mund gefahren ist. Du denkst also Sätze wie »was fällt dem ein«, »dem wird ich es schon zeigen«, »arroganter Typ«, »Idiot« etc. Dabei geschieht folgendes: Dein Unterbewusstsein nimmt alle deine Gedanken sehr persönlich. Es weiß nicht, dass du über eine andere Person nachdenkst. Folglich fühlt es sich die ganze Zeit beschimpft und am Ende des Tages dementsprechend klein und mickrig. Das ist das Gefühl, mit dem du abends nach Hause gehst.
Du hast dich den lieben langen Tag selbst beschimpft. Und wunderst dich am Ende über deine schlechte Stimmung, die du in erster Linie deinen Gedanken über das Verhalten deines Kollegen verdankst und nicht ihm.

Oje! – ich rege mich oft über Menschen auf.

Dann kannst du jetzt nachvollziehen, wieso du dich danach nicht gut fühlst.

Wir beschimpfen in anderen Aspekte von uns selbst, die wir dort gespiegelt sehen? Dann sind andere Menschen ja immer auch ein Teil von mir.

Gut erkannt. So wie du über andere denkst, denkst du über dich selbst.

Jetzt bekommt der Satz: »Liebe deinen Nächsten, wie dich selbst« noch eine ganz neue Bedeutung für mich.

Und noch ein weiteres wesentliches Detail: die anderen sind immer auch ein Teil des »Einen«. Wenn wir sie beschimpfen, beschimpfen wir auch das »Eine«, aus dem auch wir entstanden sind. Also achte auf deine Gedanken. Sie sind Briefe an dich selbst.

Wieso haben meine Gedanken so große Kraft?

Gedanken haben Kraft, da sie Gefühle erzeugen. Jedes Gefühl hat eine eigene Energiestruktur, wie ich dir an einem Modell bereits erklärt habe. Diese Struktur sendest du aus und ziehst die passenden Menschen und Situationen an. So bist du durch deine Gedanken meist der unbewusste Regisseur deines Lebens.

Hat meine Sprache eine ähnliche Wirkung?

Ja, jedes Wort gestaltet deine Welt. Wenn du zum Beispiel das Wort Tod aussprichst und dem nachspürst, wirst du seine Energiequalität wahrnehmen, die eine völlig andere ist, als die, die durch das Wort Glück entsteht. Erinnere dich: »Am Anfang war das Wort«.

Damit trägst du deine Gedanken in die Welt und erschaffst eine Schwingung, die als Antwort zu dir zurückkommen wird. Verwendest du eher Wörter und Formulierungen wie beispielsweise. »Bombenwetter«, »Halsabschneider« oder »Kraftakt«, sendest du aggressive Energie aus. Du wirst demnach deine Wirklichkeit auch vornehmlich als hart und kämpferisch erleben.
Achte in Zukunft auf Formulierungen, die du regelmäßig verwendest. Sie haben eine große Wirkung auf dein Leben.

Das war mir nicht so klar. Ich dachte, meine Gedanken spielen sich einfach nur in meinem Kopf ab und ich wäre nie auf die Idee gekommen, dass sie so gravierende Auswirkungen auf mein Leben haben können.

Liebe Freunde, wie geht es Euch mit dieser Information? Könnt Ihr das glauben? Wollt Ihr das glauben? Ich war immer noch etwas ungläubig. Mir ging das Thema lange durch den Kopf – und durch den Bauch natürlich auch. Ich habe damit ein bisschen herumexperimentiert, unterschiedliche Sätze vor mich hingesprochen und ihrer Wirkung nachgespürt. Das Gleiche habe ich mit Worten gemacht. Ich kann Euch sagen, das Ergebnis hat mich überzeugt. Worte fühlen sich wirklich sehr unterschiedlich an. Mit Zeit und Ruhe bin ich dem Geheimnis auf die Spur gekommen. Dabei war es hilfreich, die Sätze mehrmals hintereinander auszusprechen und zu denken. Die Wirkung wird dann sehr viel deutlicher. Seid Ihr immer noch ungläubig? Dann probiert es doch bitte selbst aus. Und werdet Euch der Konsequenzen bewusst. Was denkt Ihr den ganzen Tag? Welchen Brief schreibt Ihr Euch? Und macht Euch das, was Ihr dann lest glücklich oder eher schwermütig? Welchen Tenor gebt Ihr Euren Tagen, welche Stimmung erzeugt Ihr? Ihr seid selbst für das Ergebnis verantwortlich. Kein anderer. Das ist eine gute und schlechte Nachricht zugleich. Eine gute Nachricht, weil wir das Ergebnis selbst in der Hand haben, eine schlechte, weil wir keiner anderen Person die Schuld dafür geben können. Und es ist eine wundervolle Chance. Nehmt sie an und macht das Beste daraus. Und denkt immer dran: Das ganze Leben ist ein Abenteuer – habt Spaß daran!

Der Mangel

Ich wollte gerne noch mal auf einen Satz zurückkommen, den du vorhin erwähnt hast: Dass ich einen Mangel fühle, weil ich urteile. Erkläre mir das bitte genauer.

Das mit dem Mangel ist so eine Sache. Er spielt in ganz viele Bereiche deines Lebens hinein. Es mangelt dir immer an irgendetwas und es ist nie genug.

Wieso empfinde ich das so stark? Wie kommt das?

Was glaubst du?

Hat das mit früher zu tun?

Nur bedingt.

Nur bedingt? Obwohl ich damals so viel vermisst habe?

Hast du das wirklich damals vermisst oder nimmst du das Gefühl heute wahr und versuchst, eine Erklärung in der Vergangenheit zu finden? Ja, etliche deiner Bedürfnisse wurden nicht erfüllt. Aber du bist mit dieser Erfahrung nicht allein. Ich weiß, das ändert erst einmal nichts, aber es zeigt dir, du bist keine Ausnahme und ich möchte dir damit zu verstehen geben, dass eine solche Erfahrung für viele zum Leben dazu gehört. Und diese Nichterfüllung hat deiner Meinung nach das Gefühl der Leere in dir hinterlassen.

Das meine ich nicht nur, das ist so.
Ich empfinde oft diese Leere, das »Es-ist–nicht-genug« und das treibt mich an, immer noch mehr zu tun.

Was erzählt dir der Mangel?

Er sagt zu mir »es ist nicht genug« und dann: »Du musst dich anstrengen, damit es irgendwann einmal genug sein wird.«

Und wenn du dir das jetzt ganz langsam durchliest, einmal, zweimal, dreimal. Wie wirken diese Aussagen des Mangels auf dich?

Haben wir jetzt die Rollen getauscht? Ich bin doch die, die fragt und du die, die antwortet.

Du bekommst jetzt die Chance, das Ganze aus der anderen Perspektive zu erleben. Rollentausch ist angesagt.

Aber ich weiß doch die Antwort nicht.

Doch, du weißt sie. Ich weiß, dass du sie weißt.

Dann kann ich ja davon ausgehen, dass es stimmt. Also wo waren wir stehen geblieben? Ach ja, ich sollte mich dazu äußern, was der Mangel mir erzählt. »Es ist nicht genug«, sagt er. Und dieses Gefühl ist zum ersten Mal damals entstanden, glaube ich. Dann müsste der Satz richtig formuliert heißen: »Es war nicht genug«. Und dann meint er, »wenn ich mich nur genug anstrenge, kann es vielleicht irgendwann einmal genug sein«. Im Grunde will er mir sagen, dass ich ein Gefühl, das in der Vergangenheit entstanden ist, in der Zukunft stillen kann – vorausgesetzt, ich strenge mich jetzt ausreichend an. Wenn ich das mit Abstand betrachte, ist das eine Reise durch alle Zeiten. Dieser Mangel erzählt mir eine ziemlich unmögliche Geschichte.

Ja, die du geglaubt hast.

Weil ich nie länger darüber nachgedacht habe.

Da siehst du, wie gut es sein kann, den Dingen auf den Grund zu gehen. Und dir die Zeit zu nehmen, in dich hineinzuhören, welche Geschichten die Auslöser deines Handelns sind. Wieso ist die Geschichte unmöglich, was meinst du?

Die Vergangenheit ist schon lange vorbei, die Zukunft noch nicht da. Wenn die Zukunft da sein wird, wird sie »jetzt« sein. Ich bin immer im »Jetzt«. Und war auch damals im »Jetzt«. Ich fühle den Mangel auch »jetzt« und es spielt keine Rolle, wann er entstanden ist. Die Lösung liegt im Hier und Jetzt und nicht in der Zukunft. Wenn ich ihn jetzt fühle, dann kann ich auch in diesem Moment eine Lösung finden und nicht erst in der Zukunft.

Ja, du könntest ihn einfach beobachten. Erinnere dich an unser Gespräch über Grottenlilly und Hans-guck-in-die-Luft-und-nie-in-den-Keller. Du kannst sie beide gleichzeitig wahrnehmen, wenn du einen Schritt zurücktrittst und deinen Beobachterposten einnimmst. Das ist die Position, in der du ein neutraler Beobachter bist und von der aus du alles in deinem Leben betrachten kannst.

Ja, ich schenke ihm meine Aufmerksamkeit, ohne ihn weghaben zu wollen. Ich bin froh, dass du da bist und mir die richtigen Tipps gibst. Zu zweit macht es auch viel mehr Spaß, den Dingen auf den Grund zu gehen. Alleine ist das langweilig. Findest du nicht?

Ich bin sowieso ein Teamplayer, mir brauchst du die Vorzüge davon nicht schmackhaft zu machen. Bisher warst du es ja, die den Lonesome-Rider-Trip vorgezogen hat.

Ich erkenne jetzt die Vorzüge von einem befruchtenden Beisammensein und ich freue mich sehr darüber.

Und ich mich erst. Ich werde auf einmal gehört. Das ist ja auch für mich ein ganz neues Leben.

Liebste Freunde, wie sieht es mit Eurer Teamfähigkeit aus? Konnte ich sie Euch schmackhaft machen? Das fühlt sich so richtig gut an!

Zurück zu unserem Thema. Zum Mangel gibt es noch mehr zu sagen.

Das wäre?

Wie er entsteht. Es gibt zwei Ursachen dafür: Die eine ist die Trennung von deiner Quelle. Das Gefühl der Leere hat dich veranlasst, nach der Ursache zu suchen. Du meintest sie in deiner Geschichte und deinen unerfüllten Bedürfnissen gefunden zu haben. Das war nicht die Wahrheit. Deine Geschichte hat vielmehr dazu beigetragen, dass du deine Verbindung zur Quelle verloren und vergessen hast. Und ich gehe noch weiter zurück. Was, wenn bereits durch deine Geburt die Erinnerung an deine Quelle verblasst ist und dies mit jedem Menschen geschieht, wenn er geboren wird? Und dass es unser aller Lebensaufgabe ist, diese Bindung wieder herzustellen und sie zu vertiefen?

Dann haben die Einzelheiten der Geschichte keine so große Bedeutung?

Nicht in dem Maße, wie du gedacht hast. Sie ist wie ein Vorhang, der dir die Sicht auf die Quelle versperrt. Aber das Muster des Vorhangs ist nicht entscheidend. Nur, ob der Vorhang da ist oder nicht. Und ja, es gibt

Vorhänge, die die Sicht mehr versperren als andere. Von daher spielen die Geschichten schon eine Rolle, wenn auch eine untergeordnete.

Das sind ganz neue Erkenntnisse zum Thema Mangel. Und was ist die zweite Ursache?

Mangel entsteht auch durch die Sichtweise auf das Leben. Siehst du die Geschenke in einer Situation oder blickst du eher auf das, was fehlt und deiner Meinung nach hätte da sein sollen? (Geschenke können dabei übrigens auch von dir negativ beurteilte Gefühle sein. Damit ist wirklich alles in einer Situation Vorhandene gemeint). Wenn du dich mehr auf das Nicht-Vorhandene konzentrierst, was du dir wünschen würdest, dann schenkst du deine Aufmerksamkeit den Dingen, die nicht da sind. Und das geschieht, weil du bewertest. Du sagst dann »nein« zu dem, was da ist und »ja« zu dem, was deiner Meinung nach hätte da sein sollen. Durch die Ablehnung des tatsächlich Vorhandenen entsteht ein Gefühl des Mangels, weil die Alternativen einzig in der Fantasie existieren. Nur das, was ist, ist da.
Viele meinen, der Mangel entsteht durch das, was sie erlebt haben. Dabei liegt sein Ursprung auch in der Betrachtungsweise. Der Mangel ergibt sich nicht aus der Nicht-Erfüllung deiner Bedürfnisse. Er entsteht aus der Nicht-Anerkennung dessen, was gewesen ist.
Wir erleben in jedem Moment Fülle, wenn wir alles annehmen, was sich zeigt. Auch den Mangel. Indem du die Leere des Mangels da sein lassen kannst, indem du akzeptierst, wie es sich anfühlt, wenn Bedürfnisse nicht erfüllt werden, bist du in der Fülle. Denn der Mangel gehört zur Fülle. Auch wenn sich das zunächst wie ein Widerspruch anhört. Die Fülle enthält Alles und dazu gehört auch der Mangel. Willst du den Mangel aus deinem Leben ausschließen, schließt du

die Fülle aus. Fühle den Mangel und du wirst wissen, was es heißt, reich zu sein. Das sind wieder die beiden Enden eines Stockes. Arm und Reich gehören zusammen. Trittst du einen Schritt zurück, kannst du beide sehen und stehst dabei automatisch mit beiden Beinen in der Quelle, dem »Einen«.

Na, ich fühle ja den Mangel ... an Zeit, Geld und so weiter, und bin trotzdem nicht in der Fülle.

Nimmst du ihn an oder kämpfst du gegen ihn?

Ich habe wohl eher eine abweisende Haltung ihm gegenüber.

Das bedeutet nicht, ihn anzunehmen. Wenn du den Mangel annimmst, ist es dir gleich, ob er geht oder bleibt.

Aber es ist mir nicht gleich.

Du befürchtest, hast du vorhin gesagt, dass der Mangel bleibt, wenn du ihn annimmst. Genau das Gegenteil ist der Fall, er bleibt, weil du ihn nicht annimmst. Das ist die Erfahrung, die du bisher gemacht hast. Und warum?
Weil du den Mangel ablehnst, läuft er ständig neben dir her, er will anerkannt werden. Er möchte ein Bleiberecht haben, eine Daseinsberechtigung. Da du ihm das bislang nicht gegeben hast, ist er noch da. Öffne dich und lass ihn in deinem Leben sein. Er bringt die Fülle mit, glaube mir. Immer, wenn du einen Schritt zurücktrittst, bist du in der Fülle, weil deine Position alles umhüllt und umfasst und du dann mit beiden Beinen in der Quelle stehst.

Das sind ganz schön viele neue Informationen. Mir ist jetzt nach einer Pause, damit ich sie auch verinnerlichen kann.

Ja, nimm dir Zeit. Und wenn du soweit bist, geht es weiter mit dem Mangel. Das ist ein grundlegendes Thema, das besonders intensiv betrachtet werden sollte.

Liebste Freunde, ich nutze diese Verschnaufpause für weitere wichtige Erkenntnisse zum Thema Mangel. Wisst Ihr, welche Worte ich mit Vorliebe benutze? Ein wenig, ein bisschen, etwas, nur – das sind alles Worte, die den Mangel unterstützen. So fließt der Mangel tagtäglich in mein Leben ein. Jetzt habe ich das erkannt und werde erst einmal den ganzen Text überarbeiten, um die Mangelwörter durch Füllewörter zu ersetzen. Schließlich möchte ich Euch kein »Mangelexemplar« zukommen lassen. Ja klar, ich höre Euch schon fragen: Was sind denn typische Füllewörter? Hier sind sie: viel, voll, füllen, reichlich, wertvoll, genug, reich. Euch kommen bestimmt noch mehr in den Sinn!

Können wir fortfahren mit dem Mangel?

Ja, fortfahren würde ich auch gerne, ganz weit fort und wenn möglich ohne Mangel …

Der Mangel spielt auch in deinen Beziehungen eine große Rolle.

Der Mangel in Beziehungen

Inwiefern?

Du hast doch genaue Vorstellungen davon, welche Eigenschaften dein Partner mitbringen sollte, oder? Er sollte aufmerksam sein, dich unterstützen in dem, was du tust, dir zuhören, dich akzeptieren wie du bist, dir das Gefühl geben, ganz besonders zu sein, dich mit deinen Fehlern mögen …

Ja, so ungefähr.

Deine Wunschliste kann man auch so auf den Punkt bringen: Er soll dir all das geben, was du dir selbst nicht gibst.

Ist das so?

Schau dir deine Wunschliste an und gehe in dich: Magst du dich mit deinen Fehlern? Bist du aufmerksam mit dir? Akzeptierst du dich wie …

Okay hör auf – du hast Recht.

Was geschieht also, wenn du jetzt einen Mann kennenlernst? Du siehst in ihm die Erfüllung deiner Wünsche. Das versetzt dich in ein Hochgefühl, du bist verliebt. Dein Herz schlägt schneller und Glückshormone werden ausgeschüttet, du siehst die Welt durch eine rosarote Brille. Ihr kommt zusammen, alles läuft prima. Grottenlilly freut sich und denkt, endlich einer, der zu mir in den Keller kommt. Hurra ruft Hans-guck-in-die-Luft-und-nie-in-den-Keller, endlich jemand, der mich nimmt, wie ich bin. Die Zeit vergeht. Und auf einmal ist er wieder da, der alte Be-

kannte, den du nie wieder spüren wolltest: der Mangel. Grottenlilly ist enttäuscht, dass niemand in den Keller gekommen ist und Hans-guck-in-die-Luft-und-nie-in-den-Keller fühlt sich auch nicht angenommen. Alles beim Alten. Nur jetzt hast du jemanden, den du dafür verantwortlich machen kannst: deinen Partner. Vergessen ist der Umstand, dass der Mangel in dir schon lange vor ihm da war. Dein Freund sollte der Retter sein und hat deiner Meinung nach versagt. Du beginnst mit ihm zu streiten, um das Erhoffte vielleicht auf diesem Weg noch zu bekommen, aber auch er ist frustriert aufgrund nicht erfüllter Wünsche und so führen die Streitereien nur immer weiter von dem weg, was ihr euch beide erhofft hattet. Es hat sich nicht so entwickelt, wie du es gerne gehabt hättest ... Du willst »haben«. Das ist die Erwartung, mit der du auf deinen Partner zugehst.

Hm!

Sei ehrlich! Du denkst doch nicht darüber nach, was du dem anderen geben möchtest, sondern wie er dein bestehendes Leben ergänzen oder bereichern kann. Und dieses Bekommen-Wollen hat seinen Ursprung in deinem Mangelbewusstsein. Würdest du dich in der Fülle zuhause fühlen, läge dein Fokus auf dem Geben und Teilen.

Das stimmt wohl.

Dein nächster Schritt ist nun, von Haben-Wollen auf Geben-Wollen umzuschalten.
Statt dich zu fragen, »Was will ich haben oder was erwarte ich?«, kannst du dich mit der Frage beschäftigen: »Was kann ich mit ihm teilen, was kann ich geben?«

Und wie komme ich dahin?

Indem du den Mangel erst einmal annimmst. Erinnere dich, du wirst selbst zu dem, vor dem du wegläufst. Du strahlst es aus und ziehst dann Situationen an, die das widerspiegeln und Menschen, die das gleiche Thema haben. Das heißt, auch sie empfinden Mangel. Und hoffen auf das Gleiche wie du auch. Was glaubst du, wird geschehen, wenn beide Seiten hauptsächlich haben-wollen?

Sie werden sich wohl bald streiten, weil keiner bekommt, was er möchte und jeder den anderen für den empfundenen Mangel verantwortlich macht.

Du hast es erfasst. Dabei waren beide bereits vor dem Kennenlernen im Mangelgefühl und fühlten sich unwohl in ihrer eigenen Haut. Der neue Partner kann also gar nichts dafür. Diesen Umstand vergessen beide, nachdem sie zusammen gekommen sind und zunächst eine scheinbar mangelfreie, glückliche Zeit zusammen erlebt haben.
Und es gibt noch einen weiteren interessanten Aspekt: Haben-Wollen entsteht aus einer Enge heraus, die es dir gar nicht ermöglicht, zu empfangen. Du bist gar nicht offen dafür, die Erfüllung deiner Wünsche anzunehmen.
Außerdem kann dein Partner dir gewisse Aufgaben auch gar nicht abnehmen, zum Beispiel die, sich mit Grottenlilly und Hans-guck-in-die-Luft-und-nie-in-den-Keller zu beschäftigen. Den Weg in deinen Keller und auf den Dachboden musst du selbst gehen. Das Beste, was dein Freund in dieser Hinsicht für dich tun kann, ist, dir die Lampe zu halten und den Weg zu beleuchten.

Das verstehe ich nicht.

Dein Partner oder eine Freundin oder Freund können Fähigkeiten und Eigenschaften in dir sehen, die dir noch nicht bewusst sind und sie können diese durch ein Feedback für dich erkennbar machen. Sie schenken ihnen Aufmerksamkeit und damit Licht. So kannst du bislang verborgene, unbewusste Aspekte in dir entdecken und wenn es gut läuft, auch annehmen. Darum geht es in einer Partnerschaft. Die Partner leuchten und stützen sich gegenseitig. Das Haben-Wollen-Modell läuft dagegen ganz anders. Hierbei leuchtet sich jeder permanent selbst an, um die eigenen Bedürfnisse immer im Blick zu haben. Und jeder versucht diese erfüllt zu bekommen. Das Resultat: Du machst oft heimliche Geschäfte: Ich gebe dir das, dafür gibst du mir das. Und da der andere von deinen Geschäften nichts weiß, werden sie meistens auch nicht erfüllt.

Das kann ich nachvollziehen. Demnach soll ich einfach geben?

Ja, das geben, was du selbst am meisten haben möchtest. In »Ein Kurs in Wundern« heißt es, dass in einer Situation nur das fehlen kann, was du selbst nicht gegeben hast.

Das soll stimmen?

Überprüfe es für dich. Schau dir eine deiner Beziehungen an, eine Arbeitsbeziehung, eine Freundschaft und werde dir klar darüber, was du dort erwartest. Und dann sieh hin, ob du genau dies selbst gibst.

Ich soll also geben, geben, geben und dabei soll ich mich dann auch noch gut fühlen. Ich kann mir nicht vorstellen, dass mich das glücklich macht.

Probiere es aus. Das kann ich dir nicht ersparen. Voraussichtlich wirst du weniger weinen und toben und auch seltener enttäuscht sein. Denn diese Emotionen entstehen meist aus der Nichterfüllung deiner Bedürfnisse heraus.

Das ist dann mehr so die »Mutter-Teresa-Variante«.

Das ist keine Variante von etwas, das ist Lieben. In der Liebe ist dir das Wohl deines Partners sehr wesentlich. Du gehst aufmerksam mit ihm um. Aber wenn du natürlich schon deinem eigenen Keller keine Aufmerksamkeit schenken willst, was glaubst du, wie viel Aufmerksamkeit kannst du deinem Partner schenken?

Viel Aufmerksamkeit. Das mache ich gerne.

Und warum ist dir dein Partner oder Freund mehr Wert, als du selbst?

Ist er das dann?

Ja. Du gibst ihm reichlich, wovon Aspekte in dir nur träumen können. Wie glaubst du, fühlt sich dieser Teil dann?

Wahrscheinlich nicht so gut.

Das glaube ich auch. Und was glaubst du, wie reagiert er darauf?

Schmollen, traurig sein, ärgerlich werden …

Exakt. Und deswegen wird er deine Beziehung zu der anderen Person boykottieren. Auf seine geheime und stille Art und Weise.

Was heißt das?

Naja, er wird um Beispiel unangenehme Gedanken und dann Gefühle in dir hervorrufen, die dich verunsichern, Angst beispielsweise oder Zweifel.

Die habe ich sowieso meistens.

Sie können entstehen, wenn sich ein oder mehrere Aspekte nicht berücksichtigt fühlen, du dich also selbst verlässt, um einer Partnerschaft willen. Du bist nicht klar mit dir selbst.

Und wie werde ich klar?

Indem du aufmerksam für alles bist, was in deinem Leben geschieht und auch für das, was nicht geschieht. Indem du wahrnimmst, wie du dich verhältst und was daraufhin passiert oder nicht. Achte auf deine Gefühle, und Gedanken und darauf, wie deine Mitmenschen auf dich reagieren. Entwickle ein Gewahrsein für dein gesamtes Leben. Alles hast du erschaffen und du erschaffst täglich eine neue Welt. Achte auf deine Gedanken, deine Worte und deine Taten.

Das klingt sehr anstrengend.

Das heißt leben. Und dann wirst du die Gesetzmäßigkeiten sehen und erkennen, wie du die Dinge selbst beeinflusst.

Aber ich erschaffe mir doch nichts, was mir nicht gefällt und es gibt ja so einiges in meinem Leben, mit dem ich nicht zufrieden bin.

Mit dem Glauben bist du nicht alleine. Die meisten gehen davon aus, dass für die Umstände in ihrem Leben, die sie nicht mögen oder die sie als schwierig empfinden, andere verantwortlich sind. Das ist eine Täuschung, die zudem noch dazu beiträgt, dass sich daran so schnell nichts ändern wird. Denn wenn du an dieser Erklärung festhältst, wirst du nicht einsehen, warum du selbst aktiv werden solltest. Dann müssen andere Personen sich verändern oder etwas tun, damit sich etwas in deinem Leben ändert und du glücklich wirst. Das Resultat: Du hast die Verantwortung für und die Macht über dein Leben abgegeben.

Nenn mir einen Bereich, den du nicht so magst in deinem Leben oder der immer wieder schwierig ist.

Das liebe Geld

Zum Beispiel das Geld …

Was ist damit?

Ich habe zwar immer genug, konnte meine Rechnungen bislang immer bezahlen, aber ich hätte gerne einmal mehr. Es ist kein Fülle-Thema, wenn du verstehst, was ich meine.

Magst du Geld?

Mögen? Ich weiß nicht, es gehört einfach zum Leben dazu.

Okay, dann nimm eine Hand voll Geld und lege sie abends, bevor du zu Bett gehst, auf dein Kopfkissen.

Die Vorstellung finde ich eklig. Das schmutzige Geld soll ich auf mein Kopfkissen legen?

Du findest also Geld ist schmutzig. Und von diesem »Schmutz« möchtest du mehr haben? Glaubst du wirklich, dass du gerne etwas haben möchtest, dass du als schmutzig bezeichnest?

Hm!

Ja, hm. Du siehst, alles hat verschiedene Ebenen. Auf der obersten möchtest du natürlich viel Geld haben. Aber auf einer etwas tieferen, bezeichnest du es als schmutzig. Nimm dir einen Abend Zeit und schaue und fühle Geld an. Sei aufmerksam für alles, was du in diesem Zusammenhang denkst und fühlst. Das wird dich weiterbringen.

Liebste Freunde, genau das habe ich gemacht. Ich habe das gesamte Geld, aus meinem Portemonnaie genommen, Scheine und Münzen und auf mein Kopfkissen gelegt. Ich sage Euch, leicht war das nicht. Es hat mir widerstrebt. »Tja und nun«, habe ich gedacht als ich das Geld betrachtete. Ich habe mit dem Geld geredet. Ich habe von meinen Gefühlen gesprochen, genauso, wie sie sind. Was ich empfunden habe, dass ich es schon etwas eklig fand, dass es da auf meinem Kopfkissen liegt und dass ich nicht wirklich Achtung empfinde. Eher Verachtung. Geld – was ist das schon? Da wurde mir klar: wie soll etwas, das ich nicht achte und somit auch nicht mit Freude empfangen werde, in mein Leben kommen? Würdet Ihr Euch an einen Ort begeben, an dem ihr nicht willkommen seid? Wieso solltet Ihr? Es gibt sehr viele schönere Plätze auf dieser Welt, an denen Ihr auch geschätzt werdet. Ja, so dachte ich, geht es auch dem Geld. Klar, Geld spürt nicht, ob ich es mag oder nicht. Aber ich ziehe die Dinge an, die ich mag und wehre mich unbewusst gegen das Geld, wenn ich es in den tieferen Schichten meines Seins ablehne. Ich habe lange mit dem Geld gesprochen.

Im Laufe des Gespräches haben sich meine Gefühle verändert. Ich entwickelte Wertschätzung und Achtung. Wisst Ihr, ich hatte das Geld stellvertretend für etwas anderes in meinem Leben abgelehnt. Stellvertretend für das, was mein Haus zum Schwanken gebracht hat. All diese Gefühle projizierte ich auf das Geld. Ihr müsst zugeben, da habe ich mir einen guten Stellvertreter ausgesucht. Ich habe das Durcheinander in mir sortiert und Klarheit darüber gewonnen, wohin die projizierten Gefühle in Wahrheit gehörten. Damit konnte ich das Geld mit anderen Augen sehen.

Kurz darauf geschah Folgendes: ich habe sehr viele meiner Bilder verkaufen können. Ja, klar werdet Ihr sagen, die hättest du wahrscheinlich auch so verkauft. Es gibt jemanden in mir, der das auch sagt. Doch gleichzeitig weiß ich, wie die Dinge zusammenhängen und bin mir ziemlich sicher, dass mein Gespräch die Dinge ins Rollen gebracht hat. Ich habe damit das Geld in mein Leben eingeladen. Und wisst Ihr was? Diese Vorgehensweise funktioniert auch mit jedem anderen Thema. Was möchtet Ihr gerne in Euer Leben einladen? Und gebt nicht so viel auf die erste Antwort, die Euch in den Sinn kommt. Selbstverständlich möchte ich in einer Partnerschaft leben, natürlich will ich einen tollen Job … Habt den Mut, länger hinzuschauen, habt den Mut hinzufühlen, was sich hinter der ersten schnellen Antwort verbirgt. Denn wenn Ihr sicher wäret, was Ihr in Eurem Leben haben wollt, wäre es bereits vorhanden. Die Situation, wie sie sich im Moment darstellt, gibt Euch die beste Information darüber, wie es wirklich um Eure Einstellung bestellt ist. Überall dort, wo Eure Überzeugungen von dem abweichen, was Ihr in der Realität vorfindet, könnt Ihr sicher sein, es mit tiefsitzenden Überzeugungen zu tun zu haben, die der Verwirklichung entgegenwirken.

Also, was ist das Thema Eurer Wahl? Meine Themen waren Geld oder meine Überzeugung »ich kann nicht schreiben«. Und was seht Ihr? Jetzt, genau in diesem Moment? Ihr lest, was ich geschrieben habe. Also – es hat funktioniert. Wenn Ihr Beweise braucht – hier sind sie. Jedes Wort, das hier steht, beweist die Wirksamkeit der Behauptung, dass es sich lohnt, die tieferen Ebenen unseres Lebens anzuschauen und anzufühlen.

Du siehst, wenn du in tiefere Schichten einsteigst, kannst du meist recht schnell begreifen, warum gewisse Umstände so sind, wie sie sind. Sie resultieren aus Überzeugungen und Mustern, die du gelernt hast, die man dir erzählt hat oder die du gesehen oder zu einem früheren Zeitpunkt, meist unbewusst, aufgenommen hast. Doch all das ist Vergangenheit und du kannst jederzeit neu entscheiden, wie du weiter vorgehen möchtest.

Der Seelenplan – Teil 2

Ich entscheide wirklich alles?

Ja, bis auf das, was du nicht entscheiden kannst.

Was soll das denn jetzt?

Du kannst für alles den Samen setzen und dann beobachten, was geschieht. Es gibt einen Seelenplan. Wenn der Impuls, der dich zu einer Handlung inspiriert aus dem »Einen« kommt, handelst du im Einklang mit deiner Seele. Entsteht die Handlung aus deinem Alltagsbewusstsein und deinem Mangeldenken heraus, dann werden deine Taten vielleicht keine Früchte tragen oder nicht die, die du gerne hättest. Es gibt eine Macht, die größer ist als du.

Erst erklärst du mir lange und breit, wie sehr ich auf alles Einfluss nehmen kann, nur um mir dann wiederum klarzumachen, dass ich eventuell doch nicht alles bestimme. Das finde ich schon ein wenig verwirrend, um es einmal vorsichtig zu formulieren.

Ja, das glaube ich. Doch beides stimmt. Um bei deinem Beispiel mit dem Geld zu bleiben. Du kannst deine Einstellung zum Geld verändern und es wird sich daraufhin auch mehr Geld in deinem Leben einfinden. Ob du allerdings die Millionen haben wirst, von denen du träumst, das ist nicht sicher. Das liegt außerhalb deines Einflussbereiches. Die Antwort darauf enthält dein Seelenplan.

Der Seelenplan kam vorhin schon in unserem Gespräch vor.

Ja, als es um die Wünsche ging. Sie erfüllen sich, wenn sie in Übereinstimmung mit dem Seelenplan sind. Doch auch, wenn es einen übergeordneten Seelenplan gibt, ist gleichzeitig alles, was du tust, auch die scheinbar belanglosen Entscheidungen, von großer Bedeutung. Sie können große Wirkungen nach sich ziehen. Schon indem du sagst, heute gehe ich diese Straße entlang und nicht die gewohnte Strecke, kann das enorme Auswirkungen auf dein Leben haben. Du triffst dort andere Menschen, führst andere Gespräche, erhältst Inspirationen und plötzlich eröffnen sich gänzlich neue Möglichkeiten. Ändere deine Richtung und sei klar in deinen Wünschen und Zielen. Dann wirst du auch Unterstützung erfahren.

Vorausgesetzt sie entsprechen meinem Seelenplan.

Genauso ist es.

So ganz passt mir das nicht, mit dem Seelenplan.

Weil du alles unter Kontrolle haben möchtest?

Weil ich sicher sein will, dass mein Tun auch zu dem führt, was ich mir wünsche. Ich möchte mich ungern vergeblich anstrengen.

Nichts was du tust oder auch nicht tust, ist vergeblich. Alles ist Erfahrung, ist gelebtes Leben und es erweitert dein Wissen. Es ist immer ein Gewinn.

Liebste Freunde, ich möchte noch einmal kurz auf den Seelenplan zurückkommen. Es scheint mir ein wesentlicher Punkt zu sein. Mir schmeckt es auch nicht, dass ich nicht alles bestimmen kann. Das heißt: Selbst, wenn Eure Einstellung zu einem Thema geklärt ist, kann es sein, dass sich nicht viel ändert. Das kann dann am Seelenplan liegen.

Mit Garantien, die wir ja alle so mögen, hat es das Leben nicht so. Aber, wenn Ihr ein Thema erspürt, angenommen und gelöst habt, dann habt Ihr Euren Beitrag geleistet, Ihr habt den Samen gesetzt. Was dann daraus wird, entscheidet Eure Seele. Aber bedenkt – ein geklärtes Thema ist kein Thema mehr. Das allein ist ja auch schon ein Gewinn. Merkt Ihr meine Intention? Ich versuche, Euch das Vorhandensein eines Seelenplanes schmackhaft zu machen, dabei bin ich selbst nicht davon begeistert. Mag sein, dass mir deshalb meine Worte etwas fadenscheinig vorkommen. Mehr kann ich dazu im Augenblick noch nicht sagen.

Du sagst, du möchtest, dass das, was du tust, auch zu dem führt, was du gerne hättest. Hast du schon einmal in Erwägung gezogen, dass es noch viel besser kommen könnte, als du es dir vorstellst? Du gehst immer davon aus, dass wenn es anders kommt als geplant, es für dich schlechter ist. Das ist ein ganz altes Denkmuster.

Das durch nachhaltige Erfahrungen geprägt wurde. Das weißt du doch genau. Deswegen habe ich mich ja aus dem Staub gemacht und wollte nichts mehr von dir wissen. Da hast du doch am eigenen Leib erfahren, wie es ist, wenn die Dinge nicht für dich laufen, sondern gegen dich.

Ich habe das nicht als »gegen mich« empfunden. Es war so, dass du auf einmal nicht mehr mit mir zusammen warst. Okay. Das war die Erfahrung. Es war nicht für oder gegen mich. Es ist geschehen. Ich habe die Erfahrung durchlebt, dass du mich verlassen hast und ich habe mich auf den Weg gemacht, um dich wieder auf mich aufmerksam zu machen. So war das. Nicht für und nicht gegen mich. Erinnere dich: Nur durch die Bewertung, also die Aussage, die Dinge sind für oder gegen mich, erzeugst du dein schlechtes

Gefühl. Wie nimmst du deine Geschichte wahr, wenn du sie nicht mit gut oder schlecht bewertest?

Das fühlt sich an wie: So war es. Und es fühlt sich nicht nach wenig an, sondern nach viel: so viele Empfindungen, so viel Geschehen, so viele Situationen, so viele Gespräche – ohne Bewertung ist einfach nur sehr viel von allem da. So ist es eine reiche Geschichte.

Und die ist einzigartig auf dieser Welt. Sie hat ihren ganz eigenen Wert.

Auch wenn sie sich manchmal nicht gut angefühlt hat? Wie soll etwas dann wertvoll sein? Okay, das kann ich mir inzwischen selbst beantworten: Ihr Wert liegt in der Erfahrung, liegt in dem, was ich erlebt, gelebt und auch überlebt habe. Ganz gleich, ob gut oder schlecht.

Genau. Du hast es verstanden.

Vergleiche mit anderen

Weißt du, ich wollte immer Geschichten haben, wie andere sie haben. Bessere Geschichten.

Erstens weißt du nicht, ob andere bessere Geschichten haben, weil du diese Geschichten nicht erlebt hast. Du meinst, es seien bessere Geschichten, weil sie eventuell Dinge besitzen, die du nicht hast oder weil sie Erlebnisse hatten, die deiner Meinung nach besser waren. Oder weil sie glücklicher erscheinen, als du dich fühlst. Aber wissen, kannst du es nicht. Du beurteilst es aus deiner Sicht, aber ob jene Menschen ihre Situation genauso beurteilen wie du, das kannst du nicht wissen. Du hast nur ein Leben gelebt und das ist das deine. Darin kennst du dich aus ... mehr oder weniger. Sag mir, was bringt es dem Elefanten darüber nachzudenken, wie es wäre, ein Schmetterling zu sein? »Der hat es leichter«, denkt der Elefant, »er kann fliegen, die Welt von oben sehen, er ist so schön bunt und ich? Ich bin schwerfällig, ein dunkelgrauer Klotz, kann nur laufen und werde die Welt niemals von oben sehen«. Was meinst du, wie fühlt sich der Elefant durch dieses Gedankenspiel?

Wie?

Er fühlt sich mies, weil er nur auf das schaut, was er nicht ist. Aber ein Elefant ist ein Elefant und ein Schmetterling ist ein Schmetterling. Und ein Elefant wird niemals so sein wie ein Schmetterling.

Glaubst du, so einen Elefanten gibt es? Einen, der solche Gedanken hegt?

Nein. Ein Elefant weiß nicht, dass er ein Elefant ist, er ist es einfach. Und wenn er ein bisschen Verstand hat, dann denkt er so einen Quatsch auch nicht. Sich als Elefant mit einem Schmetterling zu vergleichen, das ist doch verrückt.

Aber er könnte sich mit einem anderen Elefanten vergleichen, einem, der zum Beispiel größere Ohren hat als er oder einen schöneren Rüssel?

Und du meinst, dieser Vergleich würde von mehr Verstand zeugen? Hinter solchen Vergleichen steht das gleiche Prinzip: Du vergleichst Äpfel mit Birnen oder eben Elefanten mit Schmetterlingen. Nur weil der Vergleich innerhalb einer Gattung erfolgt, wird er nicht plausibler. Da siehst du, dass Verstand zu haben nicht davor schützt, abwegige Verhaltensweisen an den Tag zu legen. Jeder, der hier ist, ist ein Individuum und einzigartig auf dieser Welt. Schau dir noch einmal dieses Bild an.

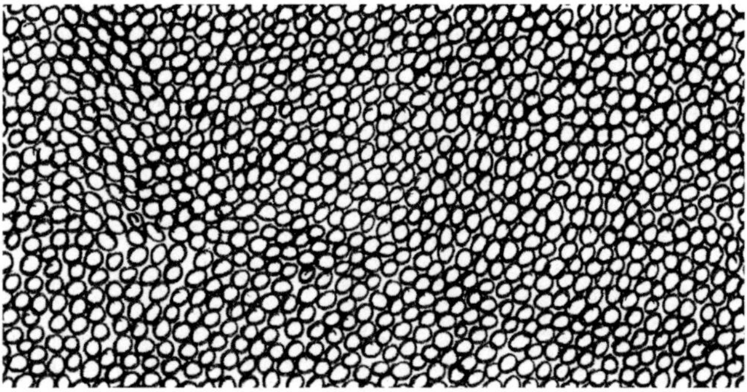

Es sind zwar alles Kreise, doch jeder ist anders und ganz individuell.
Und dann sagt der eine Kreis: »Der Rand jenes Kreises da oben ist so wunderschön, viel schöner als meiner«. Oder: »Dieser untere Teil ist so zauberhaft, den

möchte ich auch haben«. Du vergleichst Ausschnitte und möchtest deinen eigenen Kreis mit den »besseren« Teilen anderer komplettieren. Weißt Du, was das im Rahmen unseres Ausgangsbeispiels zu bedeuten hat? Dass der Schmetterling sich einen so schönen Rüssel wünscht, wie der Elefant. Stell dir das einmal bildlich vor. Und weiter: Könnte der Schmetterling dann überhaupt noch fliegen und wäre er überhaupt noch ein Schmetterling? Du siehst, alles ist bereits dort, wo es hingehört und an einem anderen Ort ist es einfach fehl am Platze. Jeder entfaltet seine eigene Schönheit. So ist das mit dem Vergleichen.

Ziemlich schräg. Wie sind wir darauf gekommen, uns zu vergleichen?

Was meinst du, was der Grund sein könnte?

Man beantwortet keine Frage mit einer Gegenfrage.

Das ist keine Gegenfrage, sondern eine Fürfrage.

Und was ist eine Fürfrage?

Das ist eine Frage, die, wenn du sie selbst beantwortest, besonders förderlich für deine Entwicklung ist.

Gut, ich denke darüber nach …
Ich vergleiche, weil ich meine, mir fehlt etwas?

Und was könnte das sein?

Hm, keine Idee. Und jetzt bitte keine Fürfrage mehr, nur eine einfache schlüssige Antwort.

Es ist der Selbstwert, der dir fehlt. Weil du ihn nicht fühlst, vergleichst du dich mit anderen Menschen, um

einen Anhaltspunkt für deinen Wert zu bekommen. Du koppelst deinen Wert an andere und dabei macht es keinen Unterschied, ob du sie auf- oder abwertest. Immer sind sie der Ausgangspunkt für den Wert, den du dir zugestehst. Damit befindest du dich zum einen in einer Abhängigkeit, zum anderen gesellt sich zum Vergleichen auch noch das Beurteilen ...

Und bewerten heißt, dass man das »Ur«-teilt, den Ursprung, aus dem heraus alles entsteht.

Du hast schon eine Menge gelernt. Und was geschieht, wenn du das »Ur« teilst?

Das ist wieder eine Fürfrage, richtig? Dann befinde ich mich im Mangel.
Damit sind wir wieder bei meinem Lieblingsthema.

Ja, alle Wege führen zum Kern. Mangel ist für viele Menschen ein wesentlicher Punkt im Leben.

Das heißt dann im Klartext: ich kann diesem Thema nicht ausweichen?

Ja, so ist das.

Tja, liebe Freunde, so war der Stand der Dinge und da blieb er dann auch. Für eine ziemlich lange Zeit. Ich habe nicht mehr weitergeschrieben. Es ging nicht. Tag für Tag sah ich den Stapel Papier auf meinem Schreibtisch liegen. Tag für Tag sagte ich mir, schreib weiter und Tag für Tag tat ich es nicht. Es erschien mir auf einmal anmaßend, dass ich einen Text schreiben sollte, der für andere Menschen eine Bedeutung haben könnte und der etwas zu sagen hätte. Ich kann ja gar nicht schreiben. Das war so das eine, was in meinem Kopf herum spukte. Das andere war, dass ich Angst hatte, es nicht gut zu machen. Das ganze Projekt erschien mir auf einmal riesengroß und ich fühlte mich den Anforderungen nicht gewachsen. Hinzu kam, dass ich mich lieber anderweitig beschäftigte, weil das Schreiben, wie gesagt, eine einsame Sache ist und ich nicht so gerne alleine sein wollte. Dabei ging es ja gar nicht um das Alleinsein sondern vielmehr darum, machen zu können, was ich wollte: verreisen (was ziemlich teuer ist), mich mit Freunden treffen, flirten, für meine Abschlussprüfung lernen (wozu ich auch keine Lust hatte), fernsehen (was mich langweilt), Nichtstun und träumen (was ziemlich frustrierend ist, wenn man aus dem Traum wieder aufwacht), Schokolade essen (wovon mir übel wird), auf dem Sofa liegen (wovon mir der Rücken weh tut), lesen (wobei ich ständig daran erinnert werde, ich könnte selbst schreiben), spazieren gehen (was mir immer gut tut), mich langweilen (was ich ziemlich überflüssig finde), mich mit Freunden verabreden (die momentan alle wenig Zeit haben), malen (was mir auch schon einmal mehr Freude gemacht hat). Das Schreiben gehörte jedoch nicht dazu – als ob der Wunsch, es zu tun, nicht von mir, sondern von irgendwo anders herkommt. Ich habe dieses Bedürfnis wie einen Feind bekämpft. Gibt es das? Jetzt, wo ich diese Zeilen hier aufschreibe, kommt es mir eigenartig vor. Wo sonst sollte dieser Wunsch geboren worden sein, wenn nicht in mir? Ich habe ihn ja auch in meinem Inneren gefühlt und nicht von außen kommend, wie das Wetter.

Warum habe ich mich gegen diesen Wunsch so aufgelehnt? Wieso gab es tausend Gründe und Ängste, ihm nicht zu folgen? Woher sind sie gekommen und wieso richten sie sich alle gegen das Schreiben?

Ich habe diese Erfahrung nicht zum ersten Mal gemacht und kannte dieses Verhalten sehr wohl.

Als ich mit dem Malen anfing, fanden die gleichen Kämpfe in mir statt. Immer wieder waren da die Neinsager in mir und jetzt? Das große Schweigen. Ich lebe inzwischen vom Malen und ich lebe gut. Und wisst Ihr, warum es so gekommen ist? Weil ich unendlich viel Freude beim Malen habe. Ich bin wie ich bin, wenn ich male. Ich liebe Farben. Der

Wunsch zu Malen kam aus meinem tiefsten Inneren und gehörte damit wohl zu meinem Seelenplan. Das Malen nahm einfach mehr und mehr Raum ein in meinem Leben ein. Das ging ganz natürlich vor sich und war gar nicht geplant.
Und, liebe Freunde, ich spüre es jetzt, wenn ich das schreibe, dass mich das mit Stolz erfüllt: Dass ich das gewagt habe, dass ich so mutig war, diesen Weg zu gehen, obwohl ich nicht wusste, was es bringen würde. Einfach nur, weil eine Stimme in meinem Inneren danach gerufen hat. Ich bin meiner Sehnsucht gefolgt. Das erfüllt mich mit Freude und Dankbarkeit.

Traurigkeit spüre ich jetzt, weil ich mich wieder an einem ähnlichen Punkt befinde, an dem es darum geht, etwas einfach zu tun, ohne mich durch Zweifel, Gedanken und Einwände davon abhalten zu lassen.
Ich dachte, ich hätte diese Lektion bereits gelernt. Aber, wie sich jetzt zeigt, habe ich die gleiche Runde noch einmal gedreht.
Wisst Ihr, wie ich diesen Weg empfinde? Ich laufe eine Straße entlang und rechts und links und vor und hinter mir schlagen Gedanken wie Bomben ein. Der innere Kritiker und der Boykotteur haben sich gegen mich verschworen. Ich habe große Bedenken, fühle mich ganz klein und weiß gleichzeitig, dass es keinen anderen Weg gibt. Ich bin alleine auf diesem Weg, wie ich auch hier vor dem Computer alleine sitze, während die inneren Einwände auf mich einprasseln. Ich will nur eins: weg von hier, um all das nicht zu spüren. Tatsächlich aber bleibe ich sitzen. Ich sitze hier und schreibe diese Zeilen. Meine Wut darüber, nicht zu schreiben, ist viel größer geworden, als die Angst vor dem, was auf diesem Weg passieren könnte.
Ich habe heute erst wieder angefangen zu schreiben. Ob ich es tatsächlich weiterhin tun werde, weiß ich noch nicht. Mag sein, die inneren Kämpfe erschrecken mich wieder so sehr, dass ich mich nur noch verkriechen will. Das tue ich dann

auch – in alte Gewohnheiten, die mir, wenn auch kein gutes Gefühl, so aber zumindest die Gewissheit schenken werden, dass ich weiß, was ich bekomme: das Altbekannte. Nicht unbedingt ein Ausblick, der mich in Verzückung versetzt.

Ja, liebe Freunde, es gab eine lange Auszeit für das Schreiben. Ich habe den Weg gewählt, den ich schon kannte, ohne auf meine innere Stimme zu hören. Und das in vielerlei Hinsicht. Das Ergebnis konnte sich sehen lassen: Hörsturz und Burn-Out. Da war also die, die anderen erzählen wollte, wie man schwimmt, selbst gestrandet. Das war genau der Grund, den jetzt jemand in mir benutzte, um mir klar zu machen, ich hätte nicht ausreichend Kompetenz, um diesen Text zu schreiben. Das traf genau die Wunde. Es reichte nicht, dass ich mir diese Wunde selbst zugeführt hatte, jetzt wurde sie auch noch benutzt, um all das, was ich bis hierhin geschrieben hatte, als wertlos zu deklarieren. Ich hatte durch meinen derzeitigen Zustand ja nur zu deutlich gemacht, dass all das Geschriebene nichts taugte. Sonst würde es mir ja besser gehen.

Es dauerte eine geraume Zeit bis mir klar wurde, dass mein Befinden keinen Rückschluss zuließ auf das, was ich geschrieben, sondern nur auf das, was ich getan hatte. Und ich hatte eben nicht getan, was ich geschrieben hatte: auf meine innere Stimme gehört.

Erst war ich mal wieder Hans-guck-in-die-Luft-und-nie-in-den-Keller gewesen und jetzt war ich Grottenlilly, die dasaß, sich bemitleidete, weil es ihr so schlecht ging. Und für die es nicht nachzuvollziehen war, wie das geschehen konnte. Dabei lagen die Tatsachen auf der Hand: Ich hatte die Vorzeichen nicht beachtet und meine innere Stimme ignoriert. Und das lag allein in meiner Verantwortung. Was nun?

Und dann war sie wieder da. Ich konnte es kaum glauben. Liebste Freunde, ich kann Euch gar nicht sagen, wie glücklich ich war, diese Stimme zu hören:

Es ist jetzt an der Zeit, erwachsen zu werden.

Was heißt das denn? Ich bin doch schon lange erwachsen.

Ja, körperlich vielleicht und laut deinem Pass. Aber bist du es auch deinem Verhalten nach?

Wie meinst du das?

Hast du erkannt, welche Rolle du beim Erschaffen von Situationen einnimmst? Dass du sie maßgeblich beeinflusst? Was meinst du, warum es dir nicht gut ging?

Ich habe mir keine Pausen gegönnt und zu viele Projekte gleichzeitig verfolgt.

Hm!

Was heißt da hm! Meine Antwort gefällt dir wohl nicht?

Sie ist mir zu dünn, zu oberflächlich. Das ist nur die obere Schicht der Zwiebel. Wieso hast du dir keine Pausen gegönnt?

Ich konnte nicht. Es gab gute Gründe, ich musste Geld verdienen, ich wollte eine gute Prüfung ablegen, ich hatte keine Zeit, um auszuruhen, es ging nicht anders – die Umstände erforderten es und ich sagte mir auch immer wieder, dass andere noch viel mehr arbeiten. Ich verhielt mich zum größten Teil deshalb so, weil ich es so gewohnt war. Ich spürte einen Druck in mir, aus dem heraus ich all diese Dinge tat und durch den ich nicht zur Ruhe kommen konnte.

Woher könnte dieser Druck kommen?

Das weiß ich nicht genau. Ich vermute von den Gefühlen, die wahrgenommen werden wollten.

Und wieso hast du sie nicht wahrgenommen?

Ich wusste ja nicht, was mich an diesem Punkt erwartet und auf mich lauert. Ich hatte Angst davor, weil es sich groß und ungewiss anfühlte. Aber all das was ich dir jetzt sage, habe ich nicht gedacht, es war nur ein diffuses Nicht-wissen-Wollen in mir, das mich antrieb, einfach so wie immer weiterzumachen. Deswegen hatten die letzten Monate ein hohes Tempo.

Die letzten Monate? Die letzten Jahre meinst du wohl.

Ja, du hast Recht. Und das, obwohl ich diesen Text schon fast zu Ende geschrieben hatte und ich darin all das schon beschrieben habe: das Weglaufen vor den Gefühlen, das Hören oder eben Nicht-Hören auf die innere Stimme, dass der Körper Ruhe braucht, um aufräumen zu können … Das kann ich ja selbst nicht nachvollziehen, dass mir das passiert ist, trotz meinem ganzen Wissen und nach all unseren Gesprächen. Das ist doch unglaublich. Wie kann das sein?

Wer bist du?

Nun, die Frage ist ja auch, wie sehr du dem vertraust, was du weißt und was ich dir erzähle. Ist es nur eine nette Geschichte für dich oder ist es der Leitfaden für dein Leben? Ist es deine Wahrheit, die du lebst oder lebst du mehr in der Geschichte, die du dir selbst über deine Vergangenheit erzählst? Wo stehst du und wer bist du?

Danke für diese kleinen einfachen Fragen. Wer bin ich? Gerade mal war ich die, die lange nicht auf ihre innere Stimme gehört hat.

Und du glaubst, dass du das wirklich bist?

Ich habe mich doch so verhalten.

Aber das ist doch ein großer Unterschied. Dein Verhalten ist nur ein Aspekt von dir.

Wer könnte ich denn dann sein?

Du könntest sein, was du dir am besten, am edelsten, am schönsten von dir vorstellen könntest. Das ist, wer du wirklich bist.

Du meinst, ich könnte wirklich – gut sein?

Du bist gut. Warum füllen sich deine Augen mit Tränen?

Weil mich deine Worte berühren und ich das nicht so ganz glauben kann. Ich habe doch schon so viele Fehler gemacht.

Aus deiner Beurteilung heraus waren es Fehler. Du hast dich so oder so verhalten, du hast dies und jenes getan oder auch nicht getan. Doch das ist nicht alles, was du bist. Ich sagte es dir eben schon einmal: Dein Verhalten ist nur ein Teil von dir. Denke immer daran: Du kommst aus dem »Einen« und das »Eine« ist vollkommen. Und das bist du auch. Erinnere dich. In deinem Inneren befindet sich deine Quelle, die direkt mit dem »Einen« in Verbindung steht.

Und wo ist diese Quelle in mir?

Schließe die Augen, stell dir diese Frage und spüre in deinen Körper hinein. Dann wirst du wissen, wo deine Quelle ist.

Meinst du wirklich?

Probiere es aus.

Liebe Freunde, erst einmal zu Eurer Information: es geht mir wieder besser. Dieser Frage galt doch bestimmt Euer vorrangiges Interesse, oder? Ach, das hattet Ihr schon ganz vergessen und Euch interessiert jetzt vielmehr wo Eure Quelle ist? Ihr seid mir ja schöne Freunde. Aber da werde ich Euch enttäuschen müssen. Ich weiß jetzt zwar wo meine Quelle ist, aber die Eure müsst Ihr selbst finden. Das Einzi-

ge, was ich Euch versichern kann, ist, dass ich meine Quelle auf dem Weg gefunden habe, wie es mir meine innere Stimme vorgeschlagen hat. Und was sagt Eure innere Stimme? Folgt ihr, denn das ist Euer Weg, wie Ihr sie finden könnt. Also, nicht so träge: das hier ist kein Schnellimbiss, bei dem man kurz anhält. Hier wird selbst gekocht. Das hört sich anstrengend an? Ihr könntet es aber auch als Spaß betrachten, als ein Abenteuer, bei dem es allerhand zu entdecken gibt. Denn: Das ganze Leben ist ein Abenteuer.

Ich weiß jetzt wo meine Quelle ist.

Prima. Diese Quelle ist übrigens mein Zuhause, hatte ich das schon erwähnt?

Du hast gesagt, dass du in meinem Haus wohnst.

Ja, das stimmt ja auch, weil die Quelle auch in deinem Haus ist. Ich wollte nicht gleich Quelle sagen, weil du dieses Wort damals wahrscheinlich nicht so verstanden hättest, wie ich es gemeint habe.

Ja, das stimmt. Aber jetzt ist es mir klar.

Fein. Kommen wir auf eine entscheidende Frage zurück, die sich vorhin gestellt hat.

Welche war das?

Der inneren Stimme trauen

Wie sehr du dem traust, was du weißt und was ich dir erzähle? Und ob du deine Wahrheit lebst oder mehr in den Geschichten über deine Vergangenheit und Zukunft. Aber eins nach dem anderen. Traust du meinen Worten?

Trauen. Das ist so eine Sache.

Keine nebensächliche, wie ich finde.

Ja, ich traue dir schon.

Und warum tust du dann nicht, was du weißt?

Ich weiß es nicht genau. Etwas in mir wehrt sich dagegen. Vielleicht weil ich gerne tue und lasse was ich will und nicht das, was mir irgendjemand sagt.

Du meinst, ich wäre »irgendjemand«?

Nein, ich weiß, dass du nicht »irgendjemand« bist. Du bist meine innere Stimme.

Deine innere Stimme hat aber bislang noch keine besondere Bedeutung für dich erlangt? Du behandelst mich wie einen Gast, der zufällig vorbeikommt und dir ein paar nett gemeinte Anregungen gibt. Interessante Anekdoten – so erzählst du deinen Freunden davon. Es ist dir nicht klar, dass wir zusammengehören und einmal »Eins« waren: Wenn ich den Arm bewegt habe, hast du ihn auch bewegt, wenn ich zwei Schritte getan habe, hast du das auch gemacht, wenn ich gelächelt habe, hast du es auch getan, weil wir »Eins« waren. Erinnere dich, so sahen wir aus:

Wenn du sagst, dass es so war. Ich weiß das nicht. Deswegen meine ich auch immer, wenn ich deine Stimme höre, es sei »irgendjemand«. Hast du eine Idee, wie ich mich erinnern kann?

Du brauchst dich nicht an frühere Zeiten zu erinnern und das dürfte auch nicht so einfach sein, weil du noch sehr jung gewesen bist. Es reicht, wenn du dir klar vor Augen hältst: Du allein hörst meine Stimme. Nur du. In deinem Inneren. Niemand sonst auf dieser Welt kann mich hören. Ich bin nur für dich da und ich bin ein Teil von dir. Ich bin du und du bist ich.

Soll das etwa heißen, ich rede die ganze Zeit mit mir selbst?

Ja genau, du redest mit deinem Selbst, das aus dem »Einen« kommt.

Ich will nicht alleine hier sitzen. Ich dachte, ich hätte jemanden gefunden, den ich alles fragen kann.

Kannst du ja auch. Die in dir, die ich bin und gleichzeitig du, die, die fragt und die, die antwortet, sind ein und dieselbe.

Nein! Lass uns doch bitte weiterhin so tun, als ob hier noch jemand ist, okay? Bitte!

Wenn es dir hilft. Nur das ist ja genau der Grund, warum du immer meinst, es gibt dir »irgendjemand« Anregungen. Es ist dir nicht klar, dass du selbst das bist. Und weil du dir dessen nicht bewusst bist, wehrst du dich gegen meine Inspirationen, die von dir selbst kommen. Was im Klartext bedeutet: Du willst dir von dir nichts sagen lassen. Und in letzter trauriger Konsequenz heißt das: Du kämpfst die ganze Zeit gegen dich selbst. Nur gegen dich. Es nimmt niemand sonst an diesem Spiel teil. Du bist Opfer und Täter zugleich. Erst gibst du den Hans-guck-in-die-Luft-und-nie-in-den-Keller, der macht, was er will und dann die Grottenlilly, die leidet. Beide bist du selbst. Sie gehören zum selben Ensemble, sind am selben Theater beschäftigt und spielen alle dasselbe Stück: dein Leben. Und wenn ich bei diesem Vergleich bleibe, dann bist du es selbst, die entscheidet, ob dein Leben eine Komödie oder ein Drama oder … oder … oder … ist.

Moment mal, das ist mir jetzt doch alles ein bisschen viel. Das muss sich erst einmal setzen. Schluss für heute. Aber wem sage ich das? Es ist ja angeblich außer mir keiner hier? Oder doch?

Hallo – hier bin ich wieder.

Du bist immer hier – das ist doch keine Neuigkeit. Du solltest eher sagen: Hallo, jetzt höre ich wieder. Oder: Hallo, jetzt spreche ich wieder mit dir.

Ja, du Schlaumeier.

Hat dir deine Pause gut getan?

Das Einssein und die Primadonna

Ja, ich habe sie genutzt, um darüber nicht mehr nachzudenken. Auch wenn ich weiß, dass unser Gespräch dort weiter geht, wo ich es unterbrochen habe.

Ja, exakt. Gut, dass du dir dessen bewusst bist. Dann können wir ja auch gleich wieder bei diesem Thema einsteigen. Es gibt noch einiges dazu zu sagen.

Könntest du das Thema noch mal kurz umreißen, damit wir beide wieder wissen, worüber wir reden?

Es geht darum, dass wir beide eins sind und warum es dir nicht so leicht fällt, auf dich selbst, deine innere Stimme, zu hören.

Ach ja, stimmt.

Ist dir die Bedeutung von »Einssein« inzwischen klarer geworden?

Ich verstehe es, begreife es aber nicht wirklich und empfinde dich immer noch als jemand anderen und ein »Ich-bin-hier-und-du-bist-dort«.

Diese Trennung wird solange vorhanden sein, wie du dich nicht unterordnen magst. Erinnerst du dich? Wir sprachen zu Beginn unseres Gespräches darüber. Über das Autoritätsproblem und auch, dass du mir die Schuld gibst für das, was geschah und damit dir selbst. So unglaublich das klingen mag: du bestrafst dich für damals, indem du deine vermeintliche Freiheit über alles stellst. Ein Aspekt von dir weigert sich in das Orchester zurückzukehren. Er mag lieber die Rolle der, nennen wir sie einmal »Primadonna«.

Und wie kann ich sie dazu bewegen, sich dem Orchester wieder anzuschließen?

Es gibt viele Wege. Ich plädiere für Einsicht. Wenn du Einsicht nimmst in die Gefühle, die dieser Part empfindet und wie es ihm geht, dann wird er Einsicht nehmen in die Aufgabe des Ganzen. Vielleicht. Es kann aber auch sein, dass er sich an seine Primadonna-Rolle so sehr gewöhnt hat, dass er sie nicht abgeben möchte. Dann, solltest du rigoros vorgehen und entschlossen. Ihn anerkennen, ihm danken für seine Dienste, die lange zu deinem Schutz waren und dann ganz klare Grenzen aufzeigen und auch einhalten. Es ist wie bei der Kindererziehung. Nicht jedes Kind reagiert auf jede Erziehungsmaßnahme. Finde in Liebe heraus, wie du mit ihm umgehen kannst. Lerne diesen Teil von dir besser kennen. Sei mit ihm. Zeige Mitgefühl.

Ist Mitleid und Mitgefühl das Gleiche?

Nein, das ist es ganz und gar nicht. Schau, beim Mitleid ist es so: Wenn es jemand anderem nicht gut geht, befindet sich die andere Person wie unter einem schwarzen Tuch. Kein Licht dringt mehr zu ihr. Wenn du jetzt mitleidest, dann begibst du dich auch unter dieses schwarze Tuch. Damit stehst auch du im Dunkeln. Dir geht es schlechter als vorher.
Zeigst du stattdessen Mitgefühl, dann bleibst du im Licht stehen und streckst deine Hand unter das Tuch zu dem anderen hin. In dem Moment geschieht folgendes: Es kommt Licht unter das Tuch und der andere kann sich an sein eigenes Licht erinnern und dass dieses immer da ist. Das, meine Liebe, ist der Unterschied zwischen Mitgefühl und Mitleid.

Oh, meine Liebe, sagst du zu mir. Wie schön.

Magst du das?

Das sind ganz neue Züge an dir, die ich da entdecke.

Ja und denke dran, du allein bist hier und sonst keiner. Also bist du zärtlich mit dir selbst.

Erinnere mich nur nicht daran, dass hier sonst niemand ist. Ich und du wir sind eins …

Hallo, liebe Freunde, wie geht es Euch mit dem Gedanken, dass Ihr und Eure innere Stimme eins seid? Das ist für Euch kein Problem? Das glaube ich, ehrlich gesagt, nicht allen von Euch. Ihr braucht mir doch nichts vorzumachen. Ich kenne Euch doch, also könnt Ihr ruhig zugeben: Ihr behandelt Eure innere Stimme doch auch wie jemanden und meint, Ihr wisst es besser. So sieht es aus. Die meiste Zeit.
Also geht in einer ruhigen »Minute« noch einmal in Euch und lasst diese Worte in Euch schwingen:
Ihr ganz alleine könnt Eure innere Stimme hören, niemand sonst. Sie ist ein Teil von Euch. Ihr seid diese innere Stimme. Ich wünsche Euch den nötigen Mut, diese Einsicht nicht nur in Eurem Kopf zu haben, sondern auch in Eurem Bauch zu spüren und in Eurem Herzen zu leben.

Das Urvertrauen

Weißt du, was mir immer noch nicht ganz klar ist? Was Vertrauen wirklich bedeutet. Das ist doch eine Grundvoraussetzung dafür, dass ich mich auf dich, eigentlich mich selbst, einlassen kann? Wie kann ich vertrauen, nach all dem, was ich erlebt habe? Wie kann ich mir vertrauen?

Indem du erkennst, wie wertvoll und einmalig dein Weg gewesen ist – und wie viel du gelernt hast. Wie viele erkenntnisreiche Erlebnisse dir vom Leben geschenkt wurden, wie viele wundervolle, magische und ja – manchmal auch unerfreuliche Begegnungen mit Menschen du erlebt hast, wie viele beglückende, erfüllte und ja – auch traurige, verzweifelte Momente. Indem du erkennst, dass dies alles dein Weg war. Dein Weg.

Beurteile ihn nicht. Denke nicht darüber nach, was du hättest besser machen sollen oder anders. Erinnere dich einfach und lass alles Revue passieren. Mit Wohlwollen und Anerkennen. Öffne dich für die Erkenntnis: Dein Hiersein ist wesentlich für das Leben, du bist ein Bestandteil davon, ganz gleich was du tust oder nicht tust. Das Leben braucht dich, dich und deine Wahrheit.

Finde Vertrauen durch die Summe deiner Erfahrungen und das, was sich daraus wiederum ergibt: beispielsweise diesen Text zu schreiben. Und dass dieser Text andere bewegen kann, ihre innere Stimme zu finden. Indem du erkennst, dass Geschichten, Erlebnisse immer einen Anfang und ein Ende haben. Dass »Eine« aber unendlich ist. Indem du deine innere Quelle wahrnimmst und ihre Reinheit spürst. Dann kannst du dem Leben wieder trauen, dem »Einen« trauen, dass es dich weiterhin führen wird, die Erfahrungen

zu machen, die für deine Entwicklung förderlich sind. Du kannst dieses trauen nur in deinem Herzen finden, nicht in deinem Kopf. Dein Kopf wird dir immer logisch begründen, warum es nicht geht. Aber wenn du dein Herz fragst, wirst du die Bindung zur Quelle fühlen und du wirst dich trauen, deiner inneren Stimme zu folgen. Das »Eine« hat nur ein Interesse: Dass es dir gut geht, dass dir bewusst wird, dass du die Wahl hast, dass du entscheidest wer du bist, was du tust und denkst und fühlst. Und damit du das erkennst, erlebst du Geschichten. Auch Geschichten, in denen du empfunden hast, keine Wahl zu haben. Vielleicht geschehen diese, um den Wunsch in dir zu nähren, wieder eine Wahl haben zu können. Damit du bewusst erlebst, wie du deine Wahlfreiheit wieder erlangen kannst. Und dann kannst du anderen davon erzählen, die auch lernen mögen, wie sie die freie Wahl wieder erlangen können, um ihr Leben selbst in die Hand zu nehmen. Damit sie lernen, selbst Schöpfer zu sein.

Ist das die Wahrheit?

Ist das, was du mir hier erzählst, die Wahrheit?

Es ist deine Wahrheit.

Gibt es noch andere Wahrheiten?

Es gibt so viele Wahrheiten, wie es Menschen gibt.

Wozu soll es dann gut sein, wenn ich anderen Menschen von meiner Wahrheit erzähle?

Indem sie deine hören, erinnern sie sich an ihre eigene Wahrheit und sie finden das eine oder andere darin wieder, das auch ihrer Wahrheit entspricht.

Woran erkennt man eine Wahrheit?

An ihrer Klarheit und Einfachheit und daran, dass sie keinem anderen schadet.

Und »die« Wahrheit, die einzige, gibt es sie auch?

Ja, die gibt es. Es ist die Summe aller Wahrheiten. Sie befindet sich hinter der Welt der Worte. Man kann sie nicht erzählen oder beschreiben.

Und wer kennt sie?

Niemand.

Woher weißt du dann, dass es sie gibt?

Weil es Dinge gibt, die man weiß, ohne dass man sich dieses Wissen irgendwo erworben hat. Es ist ein Wis-

sen, dass man tief in sich trägt. Es ist einfach da. So wie die Sonne, die jeden Tag scheint, oder die Luft, die wir atmen.

Ist es wesentlich, seine eigene Wahrheit zu kennen?

Ja, denn sie ist der Grund, warum du hier bist. Sie ist der Grund, warum jeder von uns hier ist.

Wie meinst du das?

Wir sind hier, um unsere Wahrheit zu leben. Ganz gleich an welchem Ort, in welcher Situation du dich gerade befindest. Immer geht es darum, dass du deine Wahrheit lebst. Gerade jetzt wird deine Wahrheit am meisten dort gebraucht, wo du dich im Moment befindest. Also lebe sie!

Weißt du, was mir gerade klar wird? Ich habe diesen Text nicht für meine Freunde oder andere Personen geschrieben. Ich habe ihn für mich geschrieben. Ich wollte Klarheit, ohne dass ich wusste, dass ich dies wollte. Und was habe ich jetzt durch das Schreiben entdeckt? Ich habe eine eigene Wahrheit. Das ist eine Neuigkeit!

Du hast keine Wahrheit, du lebst eine Wahrheit. Du lebst deine Wahrheit und bist damit Wahrheit.

Wie sehr ich es mag, mit dir zu reden. Hat unsere Unterhaltung je ein Ende?

Ich vermute, hier auf dem Papier schon, aber ansonsten nie.

Es ist wirklich gut, dass ich dich fragen kann. Zu jeder Zeit. Wen sonst kann ich immer fragen?

Ja, den »wen« in dir, der ich bin und gleichzeitig du.

Ja, es ist schön zu wissen, dass ich mich fragen kann. So viel Wissen in mir, so viel weise Antworten. Das soll ich sein? All das in mir? Ich sehe, fühle, lese mit Staunen welchen Reichtum ich in mir trage. Schon so lange, ohne davon auch nur eine Ahnung zu haben. Immer wollte ich reich werden und bin es doch immer schon gewesen. Ich staune. Über diese Schatzkammer, von der du mir schon berichtet hast: von meiner Schatzkammer mit Schätzen und Reichtümern, die nicht der herkömmlichen Art sind. Es wäre eine Schatzkammer für mich, weil du, meine innere Stimme, dort bist. Es wäre die Heimkehr zu einem guten alten Freund. Die Heimkehr zu mir selbst. Ja, das ist es.

Liebe Freunde, dieser Text, diese Wahrheit kommt aus mir und ist in mir. Ja, es ist erstaunlich. Ich weiß nicht, was ich früher dachte, woher all das kommt. Mein Gefühl dachte von irgendwo her. Aber dass es ein Teil von mir ist, dass ich bin, was ich schreibe, dass ich das bin, das habe ich nicht gefühlt. Das war vergessen, wie so vieles andere auch. Und wisst Ihr was? So sehr ich das Schreiben mag und es eine wundervolle Art des Ausdrucks ist, ich spüre seine Grenzen. Denn mir fehlen die Worte, um Euch die Weite, Liebe und Klarheit mitzuteilen, die mich erfüllen, wenn ich diesen Text lese und als etwas wahrnehme, was aus mir heraus entstanden ist. Als Werkzeug des »Einen«. So empfinde ich das. Dass das »Eine« durch mich hindurch erkennbar wird, durch das, was ich hier geschrieben habe, durch das, was ich bin. Und ich möchte Euch an Eure Wahrheit erinnern: Findet sie in Eurem Inneren, Eurem Bauch, bei Eurer Grottenlilly, bei Eurem Hans-guck-in-die-Luft-und-nie-in-den-Keller. Findet sie und steht zu ihr. Das ist der Grund, warum Ihr hier seid. Und folgt Euren Träumen, Euren Impulsen, die Ihr vom Verstand her vielleicht nicht erklären, nicht nachvollziehen könnt. Seht, ich folgte der Stimme in mir, unsere gemeinsamen Unterhaltungen aufzuschreiben und was ist passiert? Ich habe meine innere Schatzkammer dabei gefunden. Das war es, worum es wirklich ging. Es wäre gelogen, wenn ich sagen würde, es hat mir immer nur Spaß gemacht und ich hatte immer Lust dazu. Ich habe vielmehr eine neue Empfindung kennengelernt, eine viel grundlegendere Erfahrung: die tiefe Befriedigung darüber, einem Herzens- und Seelenwunsch von mir zu folgen. Das ist einfach eine andere Ebene als Spaß und Lust. Ich habe dadurch an Sicherheit gewonnen und empfinde jetzt eine gute Basis, ein solides Fundament für mein Leben. Für eine wie mich, die bislang am liebsten entweder in ihrem Haus auf dem Dachboden oder zeitweise auch im Keller gelebt hat, ist das mit einem Einzug ins Erdgeschoss zu vergleichen. Ich bin im Hier und Jetzt angekommen. So fühlt sich das an. Ein ruhig sanftes, freudig weites, fest verankertes Sein.

Liebste Freunde, folgt den Anregungen Eurer inneren Stimme und Ihr werdet erstaunt sein, was Ihr auf Eurem Weg findet. Menschen, Erkenntnisse, Erfahrungen, an die Ihr vorher vielleicht nie gedacht habt und die, das werdet Ihr dann sofort erkennen, von großem Wert für Euch sind. Traut Euch. Vertraut dem »Einen«, denn: das »Eine« weiß, was es tut.

Die Hingabe

Da hast du ja mal wieder große Worte an deine Freunde gerichtet, wie: Vertraut dem »Einen«. Lass uns noch einmal über dein Vertrauen sprechen. Von deinem Vertrauen zu mir. Die Hingabe steht in enger Verbindung damit. Weißt du, was Hingabe bedeutet?

Es bedeutet, man ist willenlos, man tut, was jemand anderes sagt, man nimmt hin. Hört sich nicht sehr verlockend an.

So wie du es formulierst, hört sich das wirklich nicht erstrebenswert an. Hingabe bedeutet beispielsweise eine Situation an mich abzugeben, in meine Hände zu legen.

Wie geht das?

Du sprichst mit mir und sagst:»Ich weiß in dieser Situation nicht weiter, bitte führe mich und damit meinst du dann mich und das »Eine«, was ja mein Zuhause ist.«

Und was tue ich dann?

Was dir in den Sinn kommt. Du brauchst dir keine Vorstellungen zu machen, keine Lösungen zu wissen, du kannst dich dann ganz auf dein Inneres einlassen und warten, welcher Impuls von dort kommt.

Und das ist dann das, was in deinem Sinne geschieht?

Ja, wenn du mich vorher darum bittest, dann weiß ich, dass ich jetzt die Führung übernehme und dann werde ich dich leiten. Das geht aber nur, wenn du aus

freiem Willen entschieden hast, deinen Willen unter meinen zu stellen. Deswegen ist man nicht willenlos bei der Hingabe, vielmehr hat man sich willentlich dazu entschieden, den eigenen Willen hintan zu stellen. Das ist doch ein großer Unterschied zur Willenlosigkeit, findest du nicht?

Ja, schon.

Und du nimmst auch nicht alles einfach hin, vielmehr nimmst du alles wahr, was die Situation in dir an Erfahrungen, Gefühlen auslöst etc. Das ist etwas ganz anderes als hinnehmen. Hingabe ist ein aktiver Vorgang, kein passives über sich ergehen lassen, vielmehr ein ganz lebendig, mit allen Sinnen aufmerksam sein. Keinen Widerstand leisten, das ist Hingabe. Du gibst dich der Erfahrung hin – das ist gelebte Aktivität. Mehr als alles andere. Wenn du manipulierst, also versuchst, unbedingt deine Vorstellung, dein Bild von einer Situation durchzusetzen, dann wirst du dich auf eine bestimmte Art und Weise verhalten, weil du meinst, so dein gewünschtes Ergebnis zu bekommen. Du schränkst dich ein, obwohl du in der Fülle sein könntest. Bei der Hingabe hast du kein Bild, keine Vorstellung vom Ergebnis – du lässt aus dir heraus die Antwort auf eine Situation entstehen, lässt dich führen und weil du deiner inneren Führung vertraust, weißt du, dass sich ein gutes Ergebnis einstellen wird. Wahre Hingabe ist mit großer Aktivität verbunden.

Da lag ich wohl nicht ganz richtig mit meiner Einschätzung zur Hingabe.

Du tust also nicht das, was jemand anderes dir sagt, sondern was du dir selbst sagst, weil ich, deine innere Stimme, ja ein Teil von dir bin.

Ja, das weiß ich inzwischen. Wenn es auch nach wie vor befremdlich klingt. Ich gebe das zu.

Und es kam wie es kommen musste, liebe Freunde, große Worte hatte ich da geschrieben und dann wieder einmal Angst vor der eigenen Courage bekommen. Es folgte eine längere Pause. Was soll ich sagen? Ich bin auch nur eine Lernende und am Ende spielt es ja für den Leser keine Rolle, ob es Pausen beim Schreiben gab oder nicht. Gott sei Dank! Gelesen wird der Text ja am Stück – wenn man Lust dazu hat. Also wen interessiert es, wie er entstanden ist? Niemand weiß davon, wenn ich es nicht erwähne. Doch alles ist für irgendetwas gut. All unsere Erlebnisse sind für eine Erfahrung gut.
Okay liebe Freunde, was also hat mir diese Pause gebracht? Ich habe dazugelernt. Ich bin in dieser Pause weitergekommen, weil immer irgendetwas geschieht, wenn auch vielleicht nicht das, was wir gerne hätten.
Die Frage, die ich mir immer wieder gestellt habe, war, was hat mir meine Geschichte geschenkt? Was habe ich daraus gelernt? Und ich machte mir noch einmal klar: Wenn ich aufhöre, die Erfahrung in gut oder schlecht einzuteilen, fällt es leichter, die Essenz, das Gelernte herauszuziehen und weiterzugehen. Es ist eine Erfahrung gewesen, die vorübergeht, wenn ich künftig eine andere Wahl treffe oder anders agiere, die sich jedoch auch wiederholen kann, wenn ich mich gleich verhalte.
Oft betrachten wir die Welt als einen Ort, der außerhalb von uns selbst existiert und wir glauben nicht, dass wir Einfluss darauf nehmen können. Dabei erschaffen wir uns alles selbst. Wir haben die Wahl und damit einen enormen Einfluss auf das, was geschieht und wie wir das, was geschieht, wahrnehmen. Seid Ihr Euch dessen bewusst? Wirklich bewusst? Dass der Nachbar, über den Ihr Euch ärgert, von Euch erschaffen wurde, genauso wie der Partner, mit dem Ihr Euch nicht wohl fühlt oder der Job, der Euch keinen Spaß macht? Fühlt Ihr Euch jetzt auch noch wohl mit der

Aussage oder steigen da Einwände in Euch auf, wie: Warum sollte ich mir einen Partner kreieren, mit dem ich mich nicht wohl fühle? – das würde ich doch nie tun! Ich erinnere Euch daran, wir laden in unser Leben das ein, was wir glauben und das, was wir denken und das, was wir fühlen und wenn wir Ärger denken und fühlen, laden wir damit eine Person in unser Leben ein, die uns ärgert und uns den Ärger zeigt, damit wir ihn wiederum erkennen und loslassen können. Aber von all diesen Zusammenhängen habe ich ja schon ausführlich gesprochen. Ich wollte Euch nur noch einmal daran erinnern.

So wie ich durch mein Unwohlsein auch wieder an vieles erinnert werden musste. Und – auf einmal einen ganz anderen Standpunkt eingenommen habe. Vorher hatte ich immer den Eindruck, dass sich meine innere Stimme ungefragt in mein Leben eingemischt hat und ich bin den leise soufflierten Anregungen, wenn überhaupt, eher lust- und freudlos nachgekommen. Ebenso wie man sich verhält, wenn einem eine andere Person sagt, was man tun oder lassen soll, obwohl man sie nicht gefragt hat. Und selbst, wenn man das Gefühl hat, dass der andere Recht hat, man lieber das Gegenteil tut, nur um sich und dem anderen seine Unabhängigkeit zu beweisen.

Was ich dabei glattweg übersehen hatte: Es handelte sich hier ja nicht um eine andere Person. Dies ist meine innere Stimme, die zu meinem Wohle da ist. Nur dafür. Und als ich das verstanden hatte, konnte ich auf einmal einen ganz anderen Standpunkt einnehmen: Die innere Stimme drängte sich jetzt nicht mehr in mein Leben, nein, ich lud sie ein. Ich habe begriffen, dass das der beste Ratgeber ist, den ich hier auf Erden habe und ich bin ganz still geworden und habe gehofft, dass meine Einladung nicht unerhört verklingen würde. Denn was würde ich ohne sie tun? Ich erkannte sie als wertvoll und einmalig und als das, was sie war: die direkte Verbindung zu dem »Einen«, zu meiner Quelle, dem Ort, von dem ich meine Kraft erhalte. Die Kraft, die unerschöpflich ist und die mir immer und jederzeit zur Verfü-

gung steht. Um zu dieser Erkenntnis zu gelangen, musste ich meine Kraft erst verlieren. Ich musste wieder einmal lange ohne diese Verbindung gewesen sein, um mit meinen Erkenntnissen weiterkommen zu können. Und diesmal, anders als alle anderen Male zuvor, habe ich sie aus dem Herzen meiner Herzen heraus eingeladen, zu mir zu sprechen. Und das nicht nur hin und wieder, sondern ich habe mein Leben in ihre Hand gelegt. Ich habe um ihre Führung gebeten, damit ich im Sinne des »Einen« denken, handeln, reden und fühlen würde. Damit ich endlich das sein konnte, was ich wahrhaft bin und der Welt das schenken kann, wozu ich hierhergekommen bin. Ich habe mich für das Hier und Jetzt entschieden. Und meine Priorität ist eine andere geworden: Nicht mehr: »Was will ich«, sondern: »Was kann ich im Sinne meiner inneren Stimme tun?«. Das ist auch schon alles. Ich stehe jetzt auf der anderen Seite. Von dort sieht alles ganz anders aus.

Und wisst Ihr, was das Beste daran ist? Alles geht viel einfacher und bequemer und es macht viel mehr Spaß. Schon allein deswegen, weil es nicht mehr so anstrengend ist. Ich muss ja gar nicht wissen, wie alles geht und was ich tun oder lassen soll, es gibt ja meine innere Stimme, die all das weiß und die mich zu meinem Besten führt. Ich brauche sie nur zu fragen und Situationen an sie abzugeben und sie zu bitten, meine Gedanken, Worte, Taten und Gefühle in ihrem Sinne aktiv werden zu lassen. Das ist schon alles.

Probiert es doch auch mal bei der einen oder anderen Gelegenheit aus. Vielleicht zunächst in Situationen, die Euch nicht so existenziell wichtig sind. Beobachtet, wie sich die Dinge entwickeln, wenn Ihr Eure Gedanken, Worte, Taten und Gefühle in den Dienst Eurer inneren Stimme stellt.

Was ich Euch aus meiner Erfahrung dazu sagen kann: es sind Dinge geschehen, die ich vorher nicht für möglich gehalten hätte. Viele Situationen haben einfach eine völlig andere Wendung genommen. Was nicht heißt, dass alles »Friede-Freude-Eierkuchen« ist. Es ist vielmehr so, dass alles in eine natürliche Ordnung findet. Das kann auch Tren-

nung oder Abschied bedeuten oder klärende Gespräche. Das sind Aktionen, die Euch vielleicht auf den ersten Blick nicht gerade in Entzücken versetzen. Die aber letzten Endes zu dieser natürlichen Ordnung führen, die hinter allem steht und die für die persönliche Entwicklung das Beste ist. Es gibt keine Verlierer bei dieser natürlichen Ordnung. Alle sind Gewinner und jedes Geschehen steht unter diesem besonderen Licht, dieser Aura, die eben nur aus dem »Einen« hervorgeht.

So, das war jetzt erst einmal das »Wort zum Sonntag«, denn heute ist ein Sonntag. Dass ich heute geschrieben und damit wieder einmal den Bann gebrochen habe, der mich lange Zeit davon abgehalten hat, macht mich froh. Aber es ist auch nicht so, wie ich es sonst so häufig erlebt habe, dass ich mich gleich wieder euphorisiert wie Hans-guck-in-die-Luft-und-nie-in-den-Keller auf den Dachboden verziehe in der festen Überzeugung, ich hätte jetzt den Durchbruch geschafft und ich werde jetzt regelmäßig schreiben, um diesen Text zügig fertig zu stellen. Eins habe ich auch gelernt: Jeder Tag hat seine eigene und neue Herausforderung und nur, weil ich heute schreibe und ich mich der Herausforderung stellen konnte, heißt das nicht automatisch, dass es morgen wieder so sein wird. Aber was ich auch weiß ist, dass meine innere Stimme auch morgen wieder an meiner Seite sein wird und ich von daher gute Chancen habe, dass mir das Schreiben immer leichter von der Hand geht.

Liebe Freunde, wir nähern uns dem Abschied. Dem Abschied von der, die ich mal war. Und auch meinem Abschied von Euch. Für dieses Buch. Ansonsten hoffe ich, Ihr seid weiterhin an meiner Seite.
Und noch eine wichtige Anmerkung, liebe Freunde: Solltet Ihr beim Lesen dieses Buches, mein Leben vor Augen haben, dann wundert Euch nicht, wenn ich noch nicht alles, was ich hier beschrieben habe, umsetzen konnte und glaubt nicht, dass das Geschriebene dadurch an Gültigkeit verliert.

Ich bin immer noch die, die wieder vergisst und die, die immer noch lernt und die, die nicht hören will und die, die sich wieder erinnert ... Ich bin auch Wege gegangen, die nicht gerade nach einer guten Wahl aussahen. Nun, mit Abstand betrachtet und ohne dass ich es bewerte, waren diese Wege sinnvoll, da ich sonst dieses Buch nicht hätte schreiben können. Denn, wenn man nicht vom Weg abgekommen ist, kann man auch nicht beschreiben, wie man wieder darauf zurückkommt. Und so waren eben mehrere Anläufe und Umwege nötig, bis ich den Mut fand, meine Wahrheit wahrzunehmen, anzuerkennen und zu leben.
Und eins ist gewiss: Alles ist für irgendetwas gut. Und auch wenn ich meine Wahrheit nicht von heute auf morgen umsetzen kann, ist sie doch gut und wertvoll. Und sie ist es wert, aufgeschrieben zu werden. Was ich hiermit getan habe.

Glaubst du, dass meine Wahrheit irgendjemanden interessiert?

Das ist nicht so wesentlich! Viel wichtiger ist: Interessiert du dich selbst für deine Wahrheit? Und lebst du sie? Traust du deiner inneren Stimme und deiner Wahrnehmung? Das sind die einzigen Fragen, die wirklich von Belang sind.
Aber eins würde mich auch noch interessieren: Erinnerst du dich an den Anfang des Buches? Du wolltest unsere Unterhaltung nicht so gerne aufschreiben, weil dir nicht klar war, warum du es tun solltest. Weißt Du jetzt, warum es gut für Dich war?

Ja, das weiß ich. Und ich bin sehr froh, es getan zu haben, weil ich sehr viel dabei gelernt habe.
Zum Beispiel, dass ich nicht immer einen Plan brauche. Ich hatte nämlich keinen für dieses Buch. Ich wusste weder wie ich anfangen sollte, noch hatte ich eine Ahnung davon, was ich schreiben wollte. Es hat sich erge-

ben. Nach dem ersten Wort kam das nächste, daraufhin der nächste Satz und immer so weiter. Ich hätte mir das vorher nicht ausdenken können. Es ist einfach entstanden oder wie ich mit meinem heutigen Wissen sage: Es hat sich aus dem »Einen« heraus entwickelt. Ich bin meiner inneren Spur gefolgt, den Fragen, die spontan aufgetaucht sind und den Worten, die sich als Antwort darauf gezeigt haben. Ich war der Zeuge dieser Unterhaltung und habe sie aufgeschrieben.

Ein weiterer wichtiger Punkt: Auch die Pausen, die Zeiten, in denen ich nicht geschrieben habe, waren sehr wertvoll, weil ich währenddessen Erfahrungen gemacht habe, die mich gewisse Dinge verstehen ließen, die ich dann wiederum besser beschreiben konnte. Aber nicht nur, weil ich Neues gelernt habe in dieser Zeit, waren die Pausen sehr wesentlich. Vielmehr waren sie notwendig, um das Geschriebene, das für mich selbst neu war, zu verdauen und zu integrieren. Die Unterbrechungen haben einen überaus wertvollen Beitrag zum Entstehen dieses Buches geleistet. Obwohl meine Vorstellung eine andere war: Ich wollte sehr konzentriert und diszipliniert daran arbeiten, schnell damit fertig werden.

Gut, dass es nicht so gelaufen ist. Sonst wären wichtige Aspekte verloren gegangen oder gar nicht zur Sprache gekommen.

Und dann – das war in der Tat eine sehr große Entdeckung: Ich habe meine Wahrheit gefunden, Antworten auf viele Fragen und einen vertrauensvollen und liebevollen Umgang mit meiner inneren Stimme und damit auch mit mir selbst. Ich habe erkannt, dass meine innere Stimme und ich eins sind und somit im selben Haus wohnen. Und dass es sich lohnt, dieses Haus kennenzulernen mit all seinen Stockwerken und Facetten.

Ich habe das »Eine« kennengelernt, meine Quelle und damit auch meinen inneren Reichtum entdeckt, der zwar nicht von dieser Welt, aber mit dieser geteilt wer-

den kann. Das macht mich sehr glücklich. Es ist mir jetzt klar, dass ich vorher niemals hätte wissen können, wozu das Schreiben dieses Buches gut sein konnte, weil mir die Erfahrung noch gefehlt hat. Wir können vorher nicht wissen, welchen Nährwert eine Erfahrung für uns hat. Dafür müssen wir sie erlebt haben. Das hat mir das Schreiben dieses Buches deutlich gemacht.
Umso schöner ist es, dass ich trotzdem auf meine innere Stimme gehört und ihr vertraut habe und ihrer Aufforderung, unsere Unterhaltungen aufzuschreiben, gefolgt bin. Ohne zu wissen warum. Das ist mir eine sehr gute Lehre gewesen. Ich muss nicht alles vorher wissen, ich brauche nur den Rat meiner inneren Stimme anzunehmen und werde das Erleben, was für mein Wachstum am besten ist.

Liebe Freunde, es ist jetzt wirklich Zeit, Abschied zu nehmen. Ich hoffe, Ihr seid inspiriert worden, immer und immer wieder und Ihr habt das ein oder andere Mal gestaunt, weil Euch das, was Ihr gelesen habt, vielleicht auch schon einmal in den Sinn kam. Seid Euch von nun an selbst ein Zuhause und gebt Eurer inneren Stimme Raum. Folgt Ihrem Ruf, auch wenn Ihr nicht genau wisst, wohin Euch das führen wird und genießt das Abenteuer Eures Lebens. Lasst Euch überraschen! Und denkt immer daran: Alles ist für irgendetwas gut!

Im Herzen meiner Herzen schwingt eine Melodie, die ich niemals werde singen können, noch kann ich sie beschreiben. Sie war der Nährboden meiner Worte, die von ihr erzählt haben, ohne von ihr zu sprechen. Sie war der Fluss, der meine Worte in Eure Herzen getragen und Euch vielleicht das in Erinnerung gebracht hat, was Ihr tief im Innersten bereits wusstet.

Die innere Stimme wahrnehmen

Anregungen für den Alltag

Einleitung

»Alles schön und gut«, wirst Du jetzt vielleicht denken, nachdem Du das Buch gelesen hast. Doch wie kann ich denn jetzt den Kontakt zu meiner inneren Stimme aufbauen? Was ist mein erster Schritt? Wie gehe ich am besten vor?

Ich kann mir sehr gut vorstellen, dass Du gerne einen Übungsplan hättest, der Dir genau sagt, was wann und wie zu tun ist und welches Ergebnis Du damit erreichen kannst. Doch wenn Du Dich an das eben Gelesene erinnerst, weißt Du, dass es vielmehr darum geht, selbst zu fühlen und wahrzunehmen. »Alles Wissen liegt in Dir« – ist die Botschaft des Textes und insofern kann ich hier kein »Rezept« anbieten, mit dem jeder den Weg zu seiner inneren Stimme findet. Dann wäre Deine Autorität mein Übungsplan. Es geht aber jetzt darum, Dein eigenes Wissen und Deine eigene innere Größe zu entdecken.

Deswegen möchte ich Dir gerne Anregungen geben, aus denen Du die für Dich stimmigen auswählen kannst, doch dann beginnt Deine eigene, ganz persönliche Entdeckungsreise. Du kannst die Anregungen wirklich als solche betrachten und sie Deinen Bedürfnissen, Wünschen und momentanen Befindlichkeiten anpassen. Schneidere sie Dir auf den Leib. Spiele mit ihnen. Ändere sie ab, damit sie mehr nach Dir klingen. Gestalte die Übungen nach Deinem Belieben, sodass sie für Dich ganz und gar stimmig sind. Glaube nicht, dass sich dadurch ihre Wirksamkeit verliert. Im Gegenteil. Sie sind dann passgenau von Dir auf Dich zugeschnitten und können so zu einem noch besseren Ergebnis führen. Vertraue Deiner Intuition in diesem Prozess. Und sei Dir bewusst:

Die innere Stimme ist nicht wirklich Neuland für Dich. Du hast schon sehr oft von ihr gehört und wahrscheinlich auch mit ihr gesprochen, auch wenn Du Dich jetzt nicht daran erinnern kannst.

Wenn Du den Anregungen folgst, tue dies aus Deinem Herzen heraus. Verbinde Dich dafür bewusst mit Deinem Herzen, visualisiere es und integriere es in die Übungen.
Noch ein wichtiger Hinweis: Vielleicht taucht während der Umsetzung der Anregungen in Dir die Frage auf, ob Du das auch richtig machst. Vergiss diese Frage einfach. Es gibt kein »falsch«. So wie Du die Anregung in diesem Moment umsetzt, ist es richtig. Für Dich. Zu diesem Zeitpunkt.
So und jetzt lass Dich inspirieren von den Anregungen.

Viel Spaß dabei!

Anregung 1

Signalisiere Deine Bereitschaft

Setze ein Startsignal für die Kommunikation mit Deiner inneren Stimme. Zeige Deine Bereitschaft, in Zukunft intensiver mit ihr sprechen zu wollen und mache deutlich, dass Du offen bist, für ihre Mitteilungen. Finde dafür einen Satz, der Deine Bereitschaft deutlich macht. Er könnte wie folgt lauten:

Ich bin bereit, meine innere Stimme jetzt
wahrzunehmen.

Ich bin jetzt bereit, meiner inneren Stimme von
Tag zu Tag mehr zuzuhören.

Ich bin ab jetzt offen für die Mitteilungen
meiner inneren Stimme.

Ich schenke meiner inneren Stimme ab sofort
immer mehr Aufmerksamkeit.

Ich bin jetzt bereit für die Kommunikation mit
meiner inneren Stimme.

Ich bitte meine innere Stimme, mit mir zu sprechen.
Ich bin jetzt offen dafür.

Wähle den Satz aus, der für Dich am stimmigsten klingt oder kreiere Dir einen eigenen. Wiederhole ihn mehrmals am Tag. Bette den Satz in Deine Tagesroutine ein und koppele ihn an eine bestimmte Zeit oder eine Tätigkeit, die mehrmals am Tag wiederkehrt. Vielleicht immer zur vollen Stunde oder immer, wenn Du etwas trinkst. Halte dann einen Moment inne, verbinde Dich mit Deinem Herzen, was bedeutet, dass Du Deine Aufmerksamkeit dort hinschickst und sprich den Satz mehrmals. Dies kannst Du laut oder auch in Gedanken tun. Beides wirkt.

Du kannst diese Übung verstärken, indem Du sie vor dem Spiegel durchführst. Das ist besonders kraftvoll. Schaue Dir dabei in die Augen und formuliere Deinen Satz mehrmals hintereinander. Spüre dem Gesagten nach. Lächele Dich an. Sei freundlich mit Dir selbst. Wiederhole dies immer dann, wenn Du in einen Spiegel schaust. Wenn Du aufgrund der Umstände nicht laut sprechen kannst, sage Deinen Satz in Gedanken.

Anregung 2

Wie spricht meine innere Stimme zu mir?

Wahrscheinlich beschäftigen Dich nun vor allem auch folgende Fragen:

Wie spricht meine innere Stimme zu mir?

Woran erkenne ich sie?

Es gibt sehr viele verschiedene Wege, wie die Antworten auf Deine Fragen zu Dir kommen können. Es kann in Form von Gedanken geschehen, Eingebungen, die ganz plötzlich da sind, ohne dass Du vorher über Deine Frage nachgedacht hast.
Oder Du hörst eine Liedzeile in einem Song, die dir besonders auffällt oder in dir nachklingt, oder einen Satz in einem Film oder einer Radiosendung, der Deine besondere Aufmerksamkeit auf sich zieht. Oder jemand sagt in einem Gespräch einen Satz zu Dir, der Dir besonders markant in Erinnerung bleibt. All das können Mitteilungen Deiner inneren Stimme sein und Antworten auf die Fragen, die Du gestellt hast.
Sie kann auch in Form eines Gefühls zu Dir sprechen oder in Form von Worten, die Du schreibst ohne dabei viel nachzudenken. Es gibt wirklich sehr viele Wege.
Wenn Du eine Frage gestellt hast, wirst Du ihre Antwort daran erkennen, dass dir im selben Augenblick, in dem Du die Antwort erhältst, auch die Frage, die Du gestellt hast, wieder in den Sinn kommt. Darauf kannst Du Dich verlassen. Du kannst die Antwort nicht verpassen.
Aber auch ohne konkrete Fragen kommuniziert Deine innere Stimme mit Dir. Vielleicht über ein Gefühl im Bauch, einen Gedanken oder … oder … oder … Viel-

leicht auch durch das Schreiben, zu dem sie Dich aufruft. Sei offen für Deinen individuellen Weg. Und finde diesen heraus, indem Du Deine innere Stimme fragst:

Woran erkenne ich Dich?

Wann können wir am besten kommunizieren?

Was kann ich dazu beitragen, dass wir besser kommunizieren können?

Können wir ein Zeichen vereinbaren, damit ich weiß, diese Nachricht kommt von Dir?

(Beachte die Anregung 3: Wie stelle ich Fragen?)

Anregung 3

Wie stelle ich Fragen?

Wenn Dich mehrere Fragen beschäftigen, stelle zu Beginn nicht alle auf einmal, starte mit einer von ihnen.
Nachdem Du die Frage formuliert hast in Gedanken oder auch laut, vergiss sie am besten einfach wieder. »Leichter gesagt als getan«, wirst Du denken, aber das ist das Ziel. Nur – wie geht das? Und was verhindert das Vergessen? Ist die Frage erst einmal gestellt, beginnt Dein Verstand um sie zu kreisen und sofort nach einer Antwort zu suchen. So ist er eben. Dadurch konzentrierst Du Dich und verengst den Zugang zur Quelle, aus dem heraus die Antwort kommen könnte.
Stell Dir einfach vor, die Frage ist wie ein Ball, der in die Luft fliegt und von dem Du sicher weißt, dass er wieder herunterfallen wird. Du musst Dich nicht damit beschäftigen, wie das geschieht, Du weißt es einfach. Der einzige Unterschied zu Deiner Frage ist, dass Du beim Ball davon ausgehen kannst, dass er sehr schnell wieder zurückkommt, bei Deiner Antwort kann es unter Umständen auch einmal länger dauern.
Mit einer offenen Frage zielst du direkt in das »Eine« und öffnest damit den Zugang zu dem Raum, aus dem heraus auch die Antwort kommt. Erlaube Deinem Verstand nicht, die Tür dorthin zu verschließen. Visualisiere Weite in Dir. Öffne Dein Herz und stell Dir vor, wie Du Deine Frage in das Weltall hinausschickst.
Manchmal erhältst Du die Antwort sofort. Doch es kann auch Stunden, Tage oder Wochen dauern. Eins kann ich Dir versichern: Du wirst die Antwort nicht verpassen, weil wenn sie auftaucht auch die Frage wieder in Dir präsent sein wird. Und sie wird zur richtigen Zeit zu Dir kommen. Du brauchst die Antwort nicht früher, als sie sich zeigt, also gehe es gelassen an. Am Anfang ist das nicht einfach, das ist klar.

Die Kunst, die Du beim Fragenstellen trainierst, ist, die Zeit des »Nichtwissens« auszuhalten und währenddessen das Vertrauen nicht zu verlieren. Dies ist eine großartige Übung, die sich lohnt und die von Mal zu Mal leichter für Dich wird, wenn Du erst einmal die Erfahrung gemacht hast, Antworten zu bekommen. Da wir es immer mehr gewohnt sind, alle Bedürfnisse sofort erfüllt zu bekommen, ist dieser Moment des »Nichtwissens« für viele etwas Neues. Nur unser Verstand hat meistens schnelle Antworten bereit und befriedigt unseren Wunsch nach Schnelligkeit. Die Kommunikation mit der inneren Stimme und damit auch der »Quelle« und dem »Einen«, unterliegt anderen Regeln.

Übe das Fragenstellen, indem Du Deine Frage laut formulierst und anschließend beobachtest, ob Du den Raum weit offen halten und Dich mit dem Nichtwissen arrangieren kannst oder ob Dein Verstand angestrengt versucht, eine Antwort zu finden. Sei geduldig mit Dir!

Anregung 4

Lies dieses Buch mehrmals

Eine schnelle Bindung zu Deiner inneren Stimme kannst Du aufbauen, indem Du dieses Buch oder einzelne Passagen daraus immer wieder liest. Da es in Zusammenarbeit mit meiner inneren Stimme entstanden ist, wird auch Deine innere Stimme dadurch aktiviert und Du wirst leicht mit ihr in Kontakt kommen. Die inneren Stimmen kommen alle aus dem »Einen« und sind miteinander verbunden. Nimm durch das Lesen Kontakt mit diesem Raum auf.

Anregung 5

Wer bin ich?

Wenn Du Dir die Frage »Wer bin ich« stellst, wirst Du automatisch mit Deiner »Quelle« verbunden, die das Zuhause Deiner inneren Stimme ist.
Such Dir für diese Übung einen bequemen Platz, schließe die Augen, atme ein paar Mal tief ein und aus und frage mehrmals hintereinander: Wer bin ich – Wer bin ich – Wer bin ich? Dann lausche der Stille und nimm den Raum wahr, der entsteht. Vielleicht kommt Dir dieses »Nichts« merkwürdig vor, ungewohnt. Genieße diese Erfahrung, weite sie zeitlich aus. Wenn Du die Übung öfter wiederholst, wirst Du Dich immer mehr an die Leere gewöhnen und ihre besonderen Geschenke empfangen können: Weite, Ruhe, Frieden und Freude sind, wer Du wirklich bist.
Auch diese Anregung kannst Du vor dem Spiegel ausführen und Dir dabei tief in die Augen schauen. Probiere beide Varianten.

Anregung 6

Schreibe

Nimm Stift und Papier, schreibe Deine Frage auf und horche auf die Antwort, die aus Deinem Inneren aufsteigt. So ist auch dieses Buch entstanden und genauso kannst Du Deine Fragen stellen und Antworten erhalten. Bewerte nicht, was sich zeigt. Vertraue zunächst Deiner ersten Eingebung. Aber vielleicht macht sich Deine innere Stimme auch nicht als erste Antwort bemerkbar, vielleicht ist es doch Dein Verstand, der schneller ist. Lerne, die beiden zu unterscheiden. Die Antworten der inneren Stimme sind leicht zu erkennen: Sie entstehen ohne Nachdenken und kommen ohne Anstrengung zu Dir. Das ist mit Worten schwer zu beschreiben, aber wenn Du den Prozess genauer beobachtest, wirst Du bald den Unterschied zwischen Antworten der inneren Stimme und Deines Verstandes wahrnehmen können.

Anregung 7

Erforsche Dein Haus

Möchtest Du Dein Haus mit allen Bewohnern und Stockwerken näher kennenlernen? Dann begib Dich auf eine spannende Entdeckungsreise.
Nimm eine entspannte sitzende Haltung ein. Schließe Deine Augen. Atme ein paar Mal tief ein und aus. Konzentriere Dich auf Dein Herz und bitte die »Quelle« um ein Bild Deines Hauses.
Wie sieht Dein Haus aus? Modern? Aus Stahl und Beton? Oder ist es ein Holzhaus? Hat es Fenster? Nimm alles wahr und frage Dich, ob Du dieses Haus magst. Möchtest Du etwas verändern? Was wäre das? Und warum? Wenn Du die Bedeutung der Einzelheiten wissen willst, frage danach: was hat es zu bedeuten, wenn beispielsweise keine Tür zu sehen ist, oder wenn das Haus kein Dach hat? Würdest Du gerne in diesem Haus leben? Wenn nein, warum nicht? Frage, was einer Veränderung im Wege steht? Und traue Deinen Antworten.
Dann gehe in das Haus hinein. Was nimmst Du wahr? Ist Frieden in Deinem Haus? Wie ist die Stimmung? Wie ist es eingerichtet? Stehen zu viele Dinge darin oder gar keine? Ist es hell oder dunkel? Frage auch hier nach der Bedeutung von dem, was Du siehst.
Dann steige die Treppe zum Dachboden hinauf. Was findest Du dort vor? Wer lebt dort und warum? Gibt es dort Schätze und Kostbarkeiten zu entdecken? Nimm erst wahr und frage dann. Verändere das Bild so, dass Du zufrieden damit bist.
Nun erkunde Deinen Keller. Wer oder was befindet sich dort? Wie sieht es dort aus? Lebt dort jemand? Welche Gegenstände siehst Du? Was hast Du dort zurückgelassen oder vergessen? Wer oder was will gesehen werden? Gibt es Schätze im Verborgenen? Kannst Du sie heben?

Stelle alle Fragen, während du die Augen geschlossen hast und lass Dich von den Antworten überraschen. Genieße diesen Rundgang.

Nachdem Du alles gesehen hast, tritt wieder aus der Tür hinaus und schließe sie. Sieh Dir das Haus noch einmal von außen an. Hat es sich verändert, nachdem Du Deinen Rundgang gemacht hast? Wie ist Deine innere Haltung zu Deinem Haus? Magst Du es? Beende die Übung, indem Du die Hände auf Dein Herz legst und Dich für alle Bilder und Antworten bedankst.

Notiere stichpunktartig, welche Erfahrungen Du in Deinem Haus gemacht hast und wo Du Zusammenhänge siehst zwischen den Bildern, den Antworten und Deinem Leben. Deine Notizen müssen nicht sehr ausführlich sein, sie sind eher als Gedankenstütze gedacht, um Dir Entwicklungen aufzuzeigen, wenn Du die Übung nach einiger Zeit wiederholst. Lass Dich dann von dem neuen Bild Deines Hauses überraschen. Hat sich zwischenzeitlich etwas verändert? Wie sehen die Stockwerke jetzt aus? Wie steht es um die Inneneinrichtung im Vergleich zu vorher? Wie fühlt es sich jetzt an? Magst Du Dein Haus?

Anregung 8

Im Gespräch mit Deiner Grottenlilly und Deinem Hans-guck-in-die-Luft-und-nie-in-den-Keller

Jetzt geht es darum, die zwei lautesten Bewohner Deines Hauses näher kennenzulernen.

Begib Dich an einen bequemen Platz, schließe die Augen und frage Deine innere Stimme, wer die zwei dominantesten Bewohner in Deinem Haus sind. Vielleicht erscheint ein Bild vor Deinem inneren Auge oder auch nicht. Beides ist in Ordnung.
Frage nach dem Namen dieser beiden. Nimm die Begriffe, die auftauchen, auch wenn sie nicht Deinem gewöhnlichen Verständnis von Namen entsprechen. Grottenlilly und Hans-guck-in-die-Luft-und-nie-in-den-Keller sind auch keine Namen, wie man sie üblicherweise kennt. Traue Deiner Eingebung und lass Dich von der Kreativität der »Quelle« überraschen.
Dann lade die beiden zu einem netten Beisammensein ein. Frage sie nach ihren Bedürfnissen, ihren Vorlieben und Abneigungen sowie ihren Talenten. Was erfährst Du? Lausche aufmerksam. Vielleicht bist Du überrascht, was da zutage kommt. Werden Widersprüche deutlich? Sind die beiden gut aufeinander zu sprechen?
Gib allem was da sein möchte Raum und feiere Deinen inneren Reichtum. Mag sein, dass Dich die Frage beschäftigt, wie Du das alles unter einen Hut bekommen kannst. Gib auch dieser Frage Raum, genieße Dein Nichtwissen. Es gibt nichts zu tun in diesem Moment. Beobachte und lausche. Gewähre ihnen Einlass in Dein Herz, diesen grenzenlosen Raum des Friedens.
Versprich den beiden, öfter mit ihnen zu sprechen, aber mach ihnen auch klar, dass Du die Chefin/der Chef bist.

Schenke ihnen Aufmerksamkeit und gib ihnen somit das Gefühl des Angenommenseins. So entsteht Frieden in Deinem inneren Team.

Anregung 9

Mach Dir ein eigenes Bild – wie sehen Deine Emotionen aus?

Hier sind die Emotionen noch einmal bildlich dargestellt.

Ärger-Energie kannst du dir zum Beispiel so vorstellen:

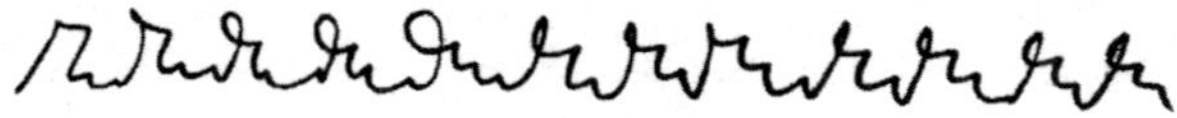

Verzweiflungs-Energie könnte so aussehen:

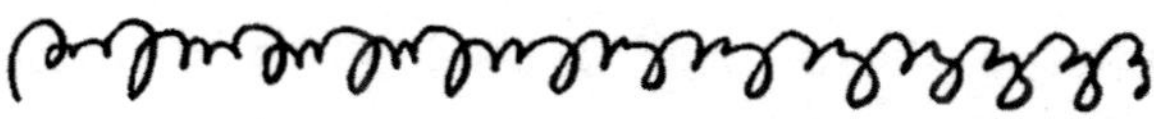

Freude-Energie so:

Glücks-Energie könnte so aussehen:

Trauer-Energie stellt sich in unserem Modell so dar:

Alle diese Formen sind entstanden aus der neutralen Linie.

Die verschiedenen Linienformen stehen für unterschiedliche Emotionen. Wie sehen Deine Gefühle aus?
Wenn Du das erkunden möchtest, suche Dir einen bequemen Platz und schließe Deine Augen. Atme ein paar Mal tief ein und aus. Entspanne Dich. Dann bitte Deine innere Stimme, um ein Bild für die Emotion »Ärger«. Schau Dir das Bild an. Lass es auf Dich wirken. Die Form, die sich Dir zeigt, kann alles möglich sein: ein Bus, ein Apfel, ein Symbol ... Vergleiche Dein Bild nicht mit den Abbildungen im Buch. Es ist Dein Ärger und Dein ganz individuelles Bild. Mit der Einstellung »das ist ja interessant« beobachte die Abbildung, die Deine Emotion symbolisiert. Verändert sie sich? Was geschieht, wenn Du ihr Aufmerksamkeit schenkst?
Mach diese Übung für alle Deine Emotionen, insbesondere mit der, die Du am häufigsten fühlst und werde so mit ihnen auf einer neuen Ebene vertraut. Komme ihnen näher und fühle sie, ohne dass sie Dich vereinnahmen.
In einem weiteren Schritt, kannst Du Dich fragen, wo im Körper Du die Emotion wahrnimmst und wie sie sich dort anfühlt, als Druck, Enge, Blockade? Welche Form nimmt sie an? Rund, eckig, kantig? Welche Farbe hat sie? Beobachte die Körpersensation einfach, ohne sie weg haben zu wollen, verweile mit Deiner Aufmerksamkeit dort. Gib all Deinen Wahrnehmungen Raum, ohne sie zu bewerten.
Welche Erfahrung machst Du dadurch?

Anregung 10

Stärkung der Herzensenergie

Um Deine Herzensenergie zu stärken, kannst Du folgende einfache Übung machen:
Setze Dich bequem hin und umschließe mit der linken Hand den kleinen Finger der rechten Hand. Übe keinen Druck auf ihn aus. Berühre ihn einfach, indem Du ihn umfasst. Wenn Du genug Zeit hast, halte ihn zwanzig Minuten. Aber auch jede andere Zeitspanne ist hilfreich für Dich. Selbst zwei Minuten. Nimmst Du ein Pulsieren im Finger wahr, kannst Du auch zum anderen kleinen Finger wechseln. Entweder direkt anschließend oder zu einem anderen Dir passenden Zeitpunkt, umschließe mit der rechten Hand den kleinen Finger der linken Hand und verfahre ebenso.
Diese Übung kommt aus dem Jin Shin Jyutsu, einer Energieharmonisierungskunst (Japanisches Heilströmen). Jedem Finger sind dort verschiedene Organe und Emotionen zugeordnet. Mit dem kleinen Finger harmonisierst Du Herz und Dünndarm und Du verringerst Bemühung und Verstellung (du lachst, obwohl Dir zum Weinen zumute ist) in Deinem Leben. Beginne mit dem kleinen Finger, den Du automatisch greifst. Dieser braucht Deine Berührung am meisten. Es ist nicht notwendig, die kleinen Finger im Wechsel zu »strömen«. Verfahre dabei ganz nach Deinem Belieben.
Du kannst die Finger auch halten während Du Bus fährst oder irgendwo warten musst. Wenn Du allerdings zusätzlich auch Deine Aufmerksamkeit zum kleinen Finger schicken kannst, wird die Intensität der Übung verstärkt.

Anregung 11

Alles mit dem Herzen tun

Wenn Du Dich darin üben möchtest, alles aus dem Herzen heraus zu tun, dann schicke Deine Aufmerksamkeit zum Herzen. Du schaust aus dem Herzen, redest aus dem Herzen, denkst von dort aus. Wie kann das praktisch aussehen?

Eine Möglichkeit ist, Deine Aufmerksamkeit zu teilen: Während Du denkst oder redest gleichzeitig an Dein Herz zu denken. Hierbei kann es hilfreich sein, das Symbol des Herzens mental vor Dir zu sehen und beispielsweise durch dieses hindurch zu sprechen, wenn Du mit einer anderen Person redest. Oder auch Gedanken oder Emotionen ganz bewusst in Dein Herz zu nehmen und dann zu beobachten, was geschieht. Vielleicht lösen sich Gedanken darin auf oder die Emotionen verändern sich, werden weicher. Spiele mit verschiedenen Möglichkeiten und fühle, welche sich für Dich am stimmigsten und einfachsten gestaltet.

Dann übe diese zunächst einen Tag lang oder auch nur für eine bestimmte Situation und achte darauf, was geschieht. Wie verändert sich Dein Erleben dadurch und/oder auch das der anderen Person, die an der Situation beteiligt ist?

Oder gewähre Deinen Gedanken Platz in Deinem Herzen, indem Du Dir vorstellst, wie alle Deine Gedanken in einem Herzsymbol verschwinden. Was geschieht dann mit den Gedanken? Und vor allem, wie geht es Dir, wenn sie in Deinem Herzen ankommen? Denkst Du sie dann noch? Nehmen Sie immer noch Einfluss auf Dein Wohlbefinden? Oder kehrt Ruhe in Dir ein? Leichtigkeit?

Was geschieht, wenn Du Emotionen bewusst in Dein Herz nimmst?

Nimm Dir ein paar Minuten Zeit, um diese Anregungen zu erforschen. Begib Dich an einen bequemen Platz, schließe Deine Augen und spüre nach. Frage auch Deine innere Stimme nach Ideen, wie Du Dich bei all Deinen Aktivitäten stärker mit der Herzenergie verbinden kannst.

Anregung 12

Der Blick in die Wirklichkeit

Die Geschichten, die uns der Verstand täglich in unserem Kopf erzählt, sind wie ein Vorhang, der sich vor die Wirklichkeit schiebt.
Interessiert es Dich, wie Dein Vorhang ausschaut? Ob er bunt, kariert, gestreift, schwarz-weiß, transparent oder gar durchlöchert ist? Und möchtest Du wissen, was sich hinter dem Vorhang befindet? Dann kann Dich folgende Übung unterstützen:
Such Dir einen bequemen Platz und schließe Deine Augen. Atme ein paar Mal tief ein und aus. Entspanne Dich. Dann bitte Deine innere Stimme, um die Darstellung Deines Vorhanges, der Dich davon abhält, die Wirklichkeit wahrzunehmen. Betrachte ihn. Lass ihn auf Dich wirken. Welche Gefühle weckt er in Dir? Frage Deine innere Stimme nach der Bedeutung des Musters, oder der Farbe oder nach dem Material des Stoffes, den Du siehst. Und dann:
Schiebe den Vorhang zur Seite. Was siehst Du nun? Was nimmst Du wahr? Wie fühlst Du Dich in diesem Moment? Vielleicht ist Deine Antwort: Ich sehe nichts. Und gleichzeitig kann es sein, dass Du Weite wahrnimmst oder Frieden, Leichtigkeit, Freude. Eventuell ist diese Erfahrung im ersten Moment auch befremdlich und Du weißt damit nichts anzufangen. Welcher Art Deine Wahrnehmung auch sein mag, genieße sie. Traue Dich, diese Erfahrung zeitlich auszuweiten und in diesem Bewusstseinszustand zu verweilen. Dies ist Dein wahres Zuhause.

Anregung 13

Direkte Verbindung mit der »Quelle«

Für eine direkte Verbindung mit der »Quelle«, setze Dich bequem hin und berühre die Innenflächen Deiner Hände. Das kannst Du beidseitig gleichzeitig tun, indem Du die Finger der einen Hand in die Handfläche der anderen legst. Oder nimm mit Deinen Händen die Gebetshaltung ein, hierdurch werden auch beide Handinnenflächen aktiviert. Verstärke die Wirkung, indem Du Deine Aufmerksamkeit dorthin lenkst. Wenn Du magst, bleibe zwanzig Minuten in dieser Position. Aber auch jede andere Zeitspanne ist sinnvoll und gut.

Du kannst auch eine Handfläche nach der anderen aktivieren, indem Du mit dem Daumen die jeweils andere Handinnenfläche berührst und dann wechselst. Da es sehr unauffällig ist, den Daumen in die andere Handmitte zu legen, kannst Du diese Haltung überall einnehmen, ganz gleich, wo Du Dich gerade befindest.

Du musst nicht jedes Mal beide Hände »strömen«, Du kannst Dich auch nur für eine entscheiden. Da bist Du ganz frei. Gestalte die Anregung nach Deinem Gefühl.

Auch diese Übung entspringt dem Jin Shin Jyutsu. Den Handinnenflächen kommt dabei die Bedeutung der 6. Tiefe zu, durch die wir mit der »universellen Quelle« verbunden sind.

Anregung 14

Selbstwert und Selbstliebe

Dies kann eine sehr transformierende Anregung sein, wenn Du sie regelmäßig anwendest.
Stelle Dich direkt nach dem Aufstehen oder abends vor dem Zubettgehen vor einen Spiegel und schau Dir tief in die Augen. Jetzt begegnest Du Dir selbst. Wie fühlt sich das an? Kannst Du Dir in die Augen sehen? Oder schweift Dein Blick immer wieder ab?
Dann sprich folgenden Satz und klopfe dabei gleichzeitig mit der linken Hand auf die rechte Handkante unterhalb des kleinen Fingers (oder umgekehrt, wie es sich für Dich besser anfühlt): »Ich liebe mich … (Name einfügen) und akzeptiere mich von ganzem Herzen so wie ich bin« oder Du sprichst den Satz in der Du-Form, wie es sich stimmiger für Dich anfühlt. Wiederhole diesen Satz mindestens dreimal und beobachte, was er in Dir auslöst. Vielleicht spürst Du Widerstände und meinst, Du lügst, wenn Du diesen Satz aussprichst, weil er jetzt noch nicht Deinem inneren Erleben entspricht. Lass Dich davon nicht beirren. Sei einfach aufmerksam für das, was dieser Satz in Dir auslöst. Bewerte es nicht. Fühle!
Danach sage folgenden Satz und klopfe dabei mit einer Hand auf die Mitte Deines Brustbeines: »Ich vergebe mir … (Name einfügen) und allen Personen aus meiner Vergangenheit« Auch diesen Satz wiederhole mindestens dreimal. Was geschieht? Weichst Du Deinem Blick im Spiegel aus? Welche Reaktionen nimmst Du innerlich wahr, wenn Du diesen Satz sagst? Sei ein interessierter, freundlicher Beobachter der Vorgänge in Dir.
Setze die Übung mit folgendem Satz fort und klopfe dabei wieder auf Deine Handkante : »Ich bitte die Göttin, das Universum, die Quelle, Gott, das Eine, die göttliche Energie, welche Bezeichnung Du auch immer für Deine Quelle verwendest, mir … (Name einfügen) zu zeigen,

wer ich wirklich bin.« Auch dies mindestens dreimal. Spüre was geschieht.

Fahre fort, indem Du diesen Tag oder diese Nacht oder diese Woche in die Hände der »Quelle« legst, was bedeutet, dass Du die Führung abgibst: »Ich lege diesen Tag in die Hände der Göttin« oder »Mein Denken, meine Worte und mein Handeln sind heute inspiriert von meiner inneren Quelle« oder »Mein oberstes Ziel ist heute die Bindung zu meiner Quelle«.

Wenn Du täglich die Bindung zu Deiner »Quelle« an erste Stelle setzt und dies als Deine wesentlichste Aufgabe begreifst, dann hast Du damit das »Eine« an erste Stelle gesetzt. Dich selbst zu lieben heißt, Dich an jedem Tag in erster Linie für die Bindung zu Deiner »Quelle« zu entscheiden. Du tust dies, weil Du Dich liebst und indem Du es tust, liebst Du Dich. Du wirst wahrscheinlich auch dann immer noch Dinge tun oder sagen oder denken, die Du nicht gut findest, aber auch in diesen Momenten steht die Bindung zur »Quelle« an erster Stelle und damit hat alles andere nicht mehr eine so große Wichtigkeit und kann Dich emotional nicht mehr so stark beeinflussen. Die Bewertung und das Verurteilen werden dadurch nachlassen.

Die »Quelle« urteilt nie, ganz gleich was Du tust und wenn Du Dich bewusst mit ihr vereinst, übernimmst Du ihre Eigenschaften mehr und mehr. Siehe Dir hierzu auch die Anregung »Alles mit dem Herzen tun« an, die Dir auch noch einmal aufzeigt, wie Du Dich mit der »Quelle« verbinden kannst.

Diese Sätze sind Anregungen und ich möchte Dich noch einmal daran erinnern, dass Du sie in Deinem Sinne verändern kannst. Du kannst auch mit den Körperstellen, die Du beklopfst spielen und Dich intuitiv leiten lassen. Spiele mit allem. Alles ist richtig und gut.

Beobachte Deine Reaktionen auf die Umsetzung dieser Anregung über einen längeren Zeitraum hinweg. Kannst Du Dich immer besser im Spiegel anschauen und fällt es

Dir leichter, den Sätzen Glauben zu schenken? Welche Erfahrungen machst Du, wenn Du die Führung abgibst? Komm Dir selbst immer näher mit dieser Übung und erfahre, wie sie Deine Welt nachhaltig verändern kann.
Es ist sehr förderlich für die Intensität der Übung, wenn Du diese immer mal wieder leicht abwandelst. So bleiben Deine Aufmerksamkeit und Dein Bewusstsein für diese Übung gleichbleibend hoch.

Anregung 15

Frag Deinen Körper

Frag Deinen Körper, indem Du eine aktive Kommunikation mit ihm lebst und spüre nach, welche Antworten er Dir gibt. Willst Du wissen, ob er eine bestimmte Nahrung gut verträgt, frag ihn danach und horche, welche Antwort er Dir zukommen lässt. Das kann ein Gefühl sein oder ein Gedanke. Solltest Du unsicher sein, kannst Du auch einen Muskeltest als Indikator hinzuziehen. Es gibt viele verschiedene Muskeltests, suche Dir einen heraus, der Dir zusagt. Wichtig dabei ist, sich vorher möglichst »leer« zu machen. Verbinde Dich dafür am besten vorher mit Deiner »Quelle« und begib Dich innerlich in eine freundlich, interessierte Beobachterposition.

Zwei Anregungen für einen Muskeltest: Mache mit beiden Händen einen Kreis mit Daumen und Zeigefinger und verschränke die Kreise ineinander. Nachdem Du eine Frage gestellt hast, versuche die Kreise auseinanderzuziehen. Gelingt Dir dies, wurden die Muskeln durch Deine Frage geschwächt und es bedeutet »nein«. Kannst Du die Kreise weiter ineinander verschränkt halten, bedeutet dies »ja«.

Du kannst Dich auch einfach gerade hinstellen und beobachten, ob Dein Körper nach der Frage eher eine Vorwärts- oder eine Rückwärtsbewegung einleiten möchte also entweder nach vorne oder nach hinten fällt. Mache ihm vorher klar, dass ein »Ja« nach vorne gehen heißt und ein »Nein« die Bewegung nach hinten bedeutet. Bei diesem Muskeltest kannst Du die Nahrung beispielsweise auch direkt vor Dich halten und die Reaktion Deines Körpers abwarten. Mit der Zeit wirst Du den Muskeltest nicht mehr brauchen, weil Du dann genau weißt, wie es sich anfühlt, wenn etwas stimmig für Dich ist.

Danksagung

Aus tiefstem Herzen

DANKE

an alle, die diesen Text im Vorfeld in den Händen gehalten und mir ein Feedback gegeben haben. Jeder Input war wesentlich und hat zur Reifung beigetragen.

an alle, die während der Entstehung ermutigende Gespräche mit mir geführt haben und für jedes aufbauende Wort, das mir zuteilwurde. Ich weiß die positive Energie, die Ihr mir dadurch geschenkt habt, sehr zu schätzen. Sie ist mit eingeflossen.

an alle, mit denen ich erleben durfte, worüber ich hier geschrieben habe.

meinem Verleger, Uwe Dinkhoff, der die Metamorphose vom Text zum Buch möglich gemacht hat und dessen kreative Ideen und inspirierende Anregungen für eine maßgebliche Verbesserung und Veredelung des Buches verantwortlich sind.

an meine innere Stimme und das »Eine«.

Mit diesem Buch unternehmen wir eine Forschungsreise in die Tiefen unseres Bewusstseins. Dabei geht es nicht um philosophische Theorien und spirituelle Konzepte, sondern darum, jene Muster zu sprengen, die uns glauben machen, wir seien ein getrenntes Ich, das sich darum bemühen muss, Glück und Erfüllung in der Zukunft zu erlangen. Jedes Wort, jede Übung und das, was zwischen den Zeilen steht, dient nur dem einen Zweck: Ihnen zu ermöglichen, sich der friedvollen Stille des Seins gewahr zu werden.

Torsten Brügge
Besser als Glück
Wege zu einem erfüllten Leben

Kartoniert, 394 Seiten, 21 × 14,8 cm

19,90 Euro [D]
20,50 Euro [A]
22,90 CHF (UVP)
ISBN 978-3-942006-09-5

verlag der ideen

Die weltoffene Rita wird von intensiven Träumen begleitet, die sie in ihrem »Traumbilderbuch« festhält in der Hoffnung, eines Tages deren Bedeutung zu verstehen. Einer dieser Träume geht in Erfüllung und sie lernt in Australien ihren Mann kennen. Gemeinsam mit ihm und dem weisen und tiefgläubigen Großvater »Pappous« entschlüsselt Rita ihre Träume, erfährt Heilung ihrer seelischen Wunden und findet Halt im Jesusgebet.

Margareta Seipel
Die Sehnsucherin
Eine spirituelle Reise zu sich selbst

Kartoniert, 250 Seiten, 19 × 12 cm

16,90 Euro [D]
17,40 Euro [A]
20,00 CHF (UVP)
ISBN 978-3-942006-15-6

verlag der ideen